2017년 12월 29일 초판 1쇄 발행

글 | 조영경
그림 | 김정진

펴낸이 | 황경태
편집상무 | 장정숙
펴낸곳 | (주)학산문화사
등록 | 1995년 7월 1일 제3-632호
주소 | 서울시 동작구 상도로 282 학산빌딩
전화 | 편집문의 828-8872~3, 주문전화 828-8985
팩스 | 828-8850(편집부), 823-5109(영업부)

편집 | 김양섭, 김상범
디자인 | 장현순
마케팅 책임 | 최낙준
마케팅 | 김관동, 이경진, 심동수, 고정아, 고혜민, 서행민
제작 | 김장호, 김종훈, 정은교

ⓒ이빈, 조영경, 김정진 2017
ISBN 979-11-256-7384-2 74900
      979-11-256-7381-1 (세트)

※이 책은 저작권법에 따라 한국 내에서 보호받는 저작물이므로 무단 전재와 무단 복제를 금합니다.
   이 책의 전부 또는 일부를 이용하려면 반드시 저작권자와 출판사의 동의를 받아야 합니다.
※잘못된 책은 바꾸어 드립니다.

세계 문화유산을 통해 인류의 위대함을 느껴 보세요!

문화유산 가운데에는 자연의 웅장함에 놀랄 만한 것도 있지만, 정말 인간이 만들었을까 싶을 정도로 믿기 어려운 문화유산도 많아요.
이렇다 할 도구나 이동 수단이 없었을 텐데 먼 거리에서 무거운 돌을 옮겨오기도 하고, 현대 기술로도 만들기 어려울 정도로 정교하고 과학적이기도 해요. 그래서 '세계 7대 불가사의'라고 불리며 우리에게 수수께끼처럼 남은 문화유산도 있답니다.

그런데 이토록 중요한 문화재가 세월이 지나면서
파괴되거나 사라지는 경우가 많아요.
그래서 유네스코에서는 중요한 문화재를 보존하기 위해
'세계 문화유산'을 지정하고 관리하고 있어요.
2017년 7월까지 지정된 유네스코 세계 문화유산은 모두
1,073점이에요. 그 가운데 문화유산이 832점, 자연유산 206점
그리고 세계 문화유산과 세계 자연유산을 함께 인정받은
복합 유산이 35점이에요. 물론 우리나라의 문화재도 있어요.
이 책에는 우리나라를 제외한 세계 문화유산 가운데 가장
대표적인 것만 담았어요. 자두와 함께 세계 곳곳에 있는
아름다운 문화유산에 대해 알아보도록 해요.

조영경

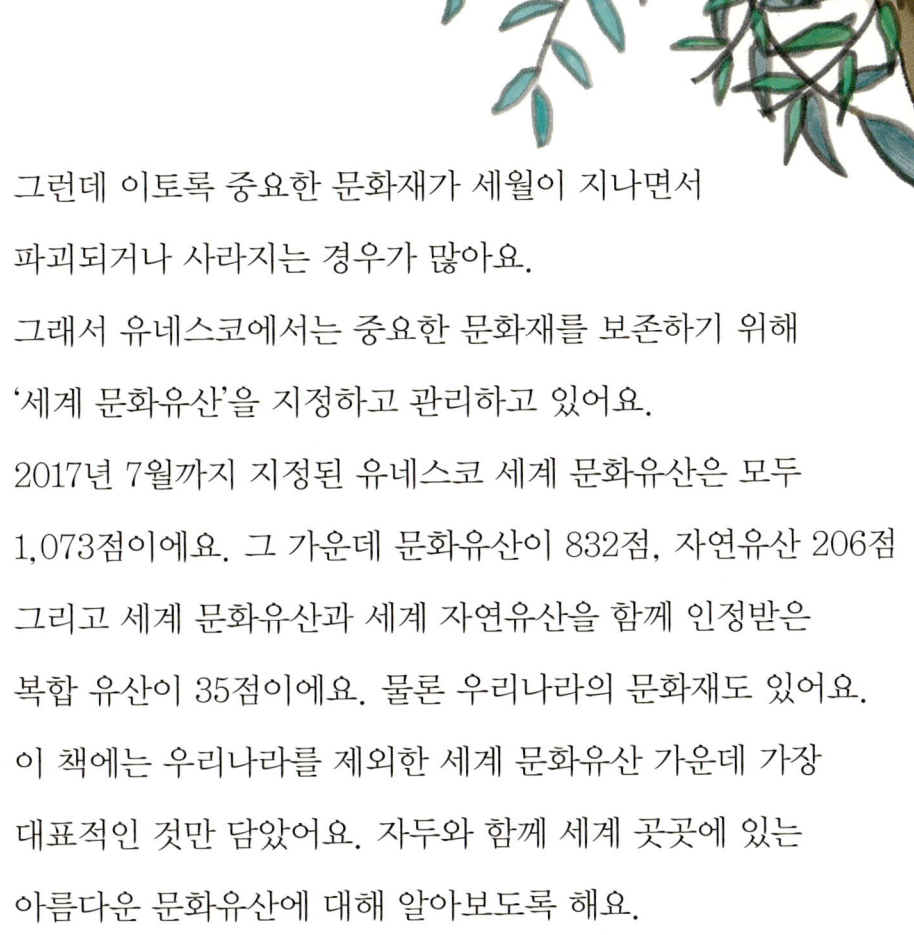

1 프랑스 베르사유 궁전 세계에서 가장 아름다운 궁전 _8
하이힐을 왜 신기 시작했냐고?

2 중국 만리장성 중국을 대표하는 세계에서 가장 긴 성 _16
우리도 만리장성으로 떠나자!

3 중국 자금성 세계에서 가장 큰 궁전 _24
엄마는 철통 수비수

4 이탈리아 피사의 사탑 쓰러질 듯 쓰러지지 않는 탑? _32
글씨 좀 똑바로 쓰라고!

5 이탈리아 콜로세움 거대한 죽음의 경기장 _40
닭싸움에 여자 남자가 어디 있어!

6 그리스 파르테논 신전 여신을 모시는 아름다운 신전 _48
엄마의 몸에도 배흘림기둥이

7 캄보디아 앙코르 와트 신들의 안식처 _56
천상계는 인간계를 보라

8 인도 타지마할 세상에서 가장 아름다운 무덤 _64
천사 같은 엄마가 참아요

9 이집트 피라미드 영원히 살기를 바랐던 왕의 무덤 _72
상자를 함부로 열면 저주가 내리리

10 페루 마추픽추 잃어버린 공중 도시 _80
정상에서 보물찾기

11 일본 히로시마 원폭 돔과 이츠쿠시마 신사 아픔을 기억하기 위한 세계 문화유산 _88
잘못한 것을 잘못했다고 할 수 있는 용기

12 이란 페르세폴리스 페르시아 제국의 심장 _96
테헤란이 우리나라에?

13 터키 카파도키아 암석 유적 프레스코 벽화가 그려진 동굴 _104
에어컨 없이 시원한 곳

14 시리아 팔미라 사막의 궁전 _112
비단 장수 왕 서방도 비단길을 갔을까?

찾아보기 _120

| 세계 문화유산 수수께끼·1 | 프랑스 베르사유 궁전

세계에서 가장 아름다운 궁전

왕의 절대적인 권력을 상징하는 대표적인 건축물 베르사유 궁전

베르사유 궁전은 프랑스 파리에 있는 바로크 양식의 궁전이에요. 루이 13세가 별장으로 사용하던 곳을 루이 14세가 화려한 궁전으로 다시 지었어요. 루이 14세를 비롯해 뒤를 이은 왕들은 백성들은 아랑곳하지 않고 베르사유 궁전에서 화려한 생활을 즐겼어요. 그 탓에 점점 살기 힘들어진 백성들은 결국 혁명을 일으키고 말았답니다.

하이힐을 왜 신기 시작했냐고?

자두네 반 친구들이 미술 시간에 〈미래의 나의 집〉을 그렸어요.

자두는 구름이 내려다보일 정도로 높은 아파트를 그렸어요. 민지는 꽃밭을 예쁘게 가꾼 전원주택을 그렸지요. 윤석이는 로봇처럼 생긴 집을 그렸고 돌돌이는 식빵 모양의 집을 그렸어요.

그런데 아이들이 그린 집들을 보던 은희가 웃으며 말했어요.

"뭐야, 다들 이렇게 시시한 집을 그린 거야?"

"시시한 집? 그러는 너는 얼마나 대단한 집을 그렸는데?"

자두가 벌떡 일어나 은희 그림을 봤어요. 은희는 아주 화려한 궁전을 그렸어요.

"나는 나에게 어울리는 궁전을 그렸지. 드레스를 입고 하이힐을 신고, 파티를 즐길 수 있는 그런 궁전 말이야."
은희 말에 윤석이가 말했어요.
"하이힐을 신는 궁전이라, 왠지 그곳이 떠오르는군. 프랑스의 베, 베, 베……."
윤석이가 입에서 맴도는 이름을 중얼거리자 민지가 냉큼 대답했어요.
"베르사유 궁전?"
"맞아, 베르사유 궁전! 딱 거기네."
윤석이 말에 은희가 환하게 웃으며 말했어요.
"어머, 그럼 내가 마리 앙투아네트가 되는 거네? 오호호, 너희들도 보는 눈은 있구나."
그러나 윤석이가 배시시 웃으며 말했어요.
"너, 마리 앙투아네트가 왜 하이힐을 신었는지 알아?"
"후후후, 다리가 날씬해 보이기 위해서 아니겠어? 멋쟁이들에게 하이힐은 필수거든."
은희가 잘난 체를 하듯이 말했어요. 그런데 윤석이는 고개를 저었지요.

"아니야, 아니야. 똥 밟기 싫어서야."

"이윤석, 그게 무슨 소리야! 말도 안 되는 소리 하지 마."

은희가 윤석이에게 쏘아붙였지만 윤석이는 피식 웃으며 말했어요.

"베르사유 궁전은 너무 아름다워서 더러운 화장실을 만들지 않았거든. 그래서 파티를 즐기던 귀족들이 아무 데나 오줌이랑 똥을 싸는 통에 똥을 안 밟으려고 하이힐이 발명됐다는 사실!"

윤석이가 거침없이 말하자 자두가 깜짝 놀랐어요.

"오호, 이윤석! 네가 웬일이냐? 그런 것도 다 알고 말이야."

"언젠가 궁전 같은 곳에서 공주 같은 너……."

그렇게 말하고 윤석이 얼굴이 빨개졌어요. 자두 얼굴도 제대로 쳐다보지 못하고 말이에요.

"너? 너가 누구야?"

자두가 되묻자 윤석이가 헛기침을 하고 말했어요.

"흐흠, 누가 너래? 공주 같은, 너~무나 공주 같은 여자랑 결혼해서 살려고 했다. 왜?"

그러자 자두가 웃음을 터뜨렸어요.
"푸하하! 똥도 못 누는 곳에서 누가 산다고 그러냐? 누군지 몰라도 불쌍하다, 불쌍해. 드레스를 입으면 뭐 해. 똥도 못 싸고. 크크!"
자두는 배를 잡고 웃었어요. 그럴수록 윤석이 얼굴은 더더욱 빨개졌지요.

1. 베르사유 궁전은 누가 지었을까?

베르사유 궁전은 루이 14세부터 루이 16세까지 프랑스 왕이 살던 궁전이에요. 루이 13세의 아담한 별장을 루이 14세가 자신의 권력에 알맞도록 다시 지었지요. 당시 루이 14세는 '짐이 곧 국가다'라며 프랑스 절대 왕정의 전성기를 이루고 있었거든요.

루이 14세는 세계적으로 유명한 건축가들을 부르고 수많은 백성들을 밤낮 없이 부리면서 화려한 궁전을 완성했어요. 그리고 매일 밤낮으로 귀족들을 불러 성대한 파티를 열었지요. 게다가 루이 14세의 뒤를 이은 왕들 역시 궁중에서 화려한 생활과 전쟁을 계속하는 탓에 백성들의 생활은 아주 비참했어요. 결국 참을 수 없었던 백성들은 1789년 7월 14일, 프랑스 혁명을 일으켰어요.

루이 14세의 기마상

베르사유 궁전 2층에 자리한 '거울의 방'

거울의 방 북쪽으로 연결된 '전쟁의 방'

베르사유 궁전 2층에 있는 왕의 침실로 사용했던 방

2 아름다운 베르사유 궁전에 없는 한 가지는?

베르사유 궁전이 지어진 곳은 늪지대였기 때문에 흙으로 메워야 했어요. 그리고 분수를 만들기 위해서 강의 물줄기를 바꾸기도 하고 거대한 운하를 만들어 배를 띄우기도 했지요.

2층으로 지어진 궁전에는 방이 여러 개 있는데 그 가운데에도 거울의 방이 가장 유명해요. 거울에 빛이 반사돼 아름답고 화려한 이 방에서 루이 16세와 마리 앙투아네트는 결혼식을 올렸어요. 또 제1차 세계 대전이 끝나고는 베르사유 평화 협정이 열리기도 했지요.

그런데 세상에서 가장 아름답다는 베르사유 궁전에는 화장실이 없어요. 아름다운 궁전과 화장실은 어울리지 않는다며 국왕을 위한 화장실 하나만 만들었대요. 그래서 궁전에서 생활하는 사람은 물론, 궁전에 들어오는 귀족들은 하인을 시켜 휴대용 변기를 가지고 다녔다고 해요.

| 세계 문화유산 수수께끼 · 2 | 중국 만리장성

중국을 대표하는 세계에서 가장 긴 성

세계 7대 불가사의 만리장성

만리장성은 중국을 대표하는 문화유산이에요. 세계 7대 불가사의에 속할 뿐만 아니라 일찍이 유네스코가 세계 문화유산으로 지정한 곳이지요. 기원전부터 쌓기 시작한 만리장성은 베이징 근처에서 시작해서 내몽고라 불리는 고비 사막 근처까지 이어진답니다. 달에서도 보인다는 우스갯소리가 있을 정도로 엄청난 크기를 자랑하고 있어요.

우리도 만리장성으로 떠나자!

다음 주에 은희는 중국으로 가족 여행을 간다고 해요.
"가서 만리장성도 보고 자금성도 보고 그럴 거야.
만리장성이 얼마나 큰지 갔다 와서 말해 줄게. 내가
없어도 섭섭해 하지 말고. 오호호!"
은희 말에 자두는 입을 삐죽 내밀었어요.
"쳇, 누가 섭섭해 한다고 그래. 착각도 잘하네."
하지만 자두는 돌아서서 한숨을 푹 쉬었어요.
"에휴, 좋겠다. 지난달에는 민지도 일본에 갔다 왔다고.
나만 해외여행을 안 가 봤네."
자두는 집으로 터벅터벅 걸어왔어요.
그날 저녁, 아빠가 퇴근하자마자 자두가 말했어요.

"아빠! 우리도 해외여행 가요. 우리 반 친구들은 다 갔다 왔대요."

"얘가 갑자기 무슨 해외여행 타령이야."

저녁 식사 준비를 하려던 엄마가 황당하다는 듯이 말했어요.

"민지도 일본에 갔다 오고, 은희도 만리장성을 보러 중국에 간대고……. 나만 못 가 봤어요."

그러자 아빠가 결심을 한 듯이 말했어요.

"그래? 그러면 우리도 만리장성에 가자."

"정말요? 정말 만리장성에 가는 거예요?"

자두는 꿈인지 생시인지 어리둥절했어요.

"그래. 우리 딸이 그렇게 가고 싶다는데 가야지. 어서 준비해라."

아빠 말에 엄마도 못 이기는 척 일어났어요.

"에구, 기어이 거길 가네. 오늘만 특별히 가는 거예요."

웬일이래요. 엄마가 절대로 안 된다고 할 줄 알았는데 말이에요.

"참, 여행 가방은 안 싸요? 해외여행 가려면 그, 그 맞아!

여권도 필요한데."

집을 나서려던 자두가 멈칫거렸어요. 하지만 아빠는 손을 내저었어요.

"괜찮아. 그냥 지갑만 가지고 가면 된다."

'첫 해외여행이라서 다 새것으로 사 주시려나 보다.

아, 신나!'

자두는 콧노래가 절로 나왔어요.

아빠 엄마를 따라 미미와 애기와 집을 나선 자두는 가슴이 콩당콩당 뛰었어요.

공항은 얼마나 넓을까요. 비행기는 얼마나 클까요. 그리고 만리장성은 어떻게 생겼을까요? 이런 저런 생각을 하고 있는데 아빠가 걸음을 딱 멈추었어요.

"다 왔다!"

엥? 중국에 간다고 하더니 여기가 어디래요? 분명히 〈만리장성〉이라고 쓰여 있기는 한데, 영 이상해요.

"아빠! 여기는 중국집이잖아요!"

자두는 소리쳤어요. 하지만 미미와 애기는 자두는 아랑곳하지 않고 신나서 말했지요.

"우와, 아빠! 우리 짜장면 먹는 거예요?"
"오늘은 아빠가 탕수육까지 한턱낸다! 만리장성에서 탕수육 정도는 먹어 줘야지."
자두는 기가 막혀서 눈물이 나올 것 같았어요. 하지만 눈물을 꾹 참았어요. 그래도 짜장면은 먹어야지요.

 만리장성은 누가 쌓았을까?

만리장성은 세계에서 가장 긴 성이에요. 성벽의 길이가 2,700킬로미터나 된답니다. 중간에 갈라져 나온 성벽의 길이까지 합하면 무려 6,000킬로미터나 돼요.
중국은 기원전인 춘추 시대 때부터 북방 유목민의 침략을 막기 위해 성벽을 쌓기 시작했어요. 그 후 중국을 최초로 통일한 진나라의 시황제가 여러 나라가 만들어 놓은 성벽들을 연결해 본격적으로 만리장성을 쌓았지요. 시황제뿐만 아니라 중국을 지배한 황제들은 만리장성의 중요함을 잘 알고 있었어요. 그래서 무너진 곳은 다시 고치고 더욱 견고하게 성벽을 쌓았지요. 지금의 만리장성은 명나라가 몽골족의 침입에 대비하기 위해 쌓은 거예요.

만리장성은 북방 유목 민족의 침입을 막기 위해 쌓았어요.

2 만리장성은 어떻게 생겼을까?

만리장성은 흙을 구워서 만든 벽돌과 돌로 지었어요. 이렇다 할 장비가 없던 때에 사람들이 일일이 무거운 돌과 벽돌을 날라 성을 쌓았답니다. 진시황제 때는 30만 명이 넘는 장병과 수백만 명의 백성들이 만리장성을 쌓았다고 해요. 당시 10년 동안 100만 명 이상이 목숨을 잃었을 정도로 힘들고 큰 공사였지요.

만리장성은 여러 시대에 걸쳐 쌓은 것이기 때문에 높이나 폭이 조금씩 달라요. 대략 높이는 9미터 정도이고 폭은 4~6미터 정도에요. 폭이 넓은 곳은 말 다섯 마리가 달릴 수도 있었어요. 그리고 일정한 간격을 두고 작은 누각 모양의 돈대를 설치해 병사가 머물게 했어요. 또한 성벽에는 구멍이 나 있어서 적이 나타나면 수비병들이 화살을 쏘며 공격을 했다고 해요.

일일이 돌을 날라 쌓은 만리장성

병사들이 머물 수 있는 돈대

| 세계 문화유산 수수께끼 • 3 | 중국 자금성

세계에서 가장 큰 궁전

명나라와 청나라 때 황제가 살았던 자금성

세계에서 가장 큰 고대 건축물이에요. 약 20만 명의 노동자가 15년이라는 긴 세월에 걸쳐 완성했어요. 무려 700여 개의 건축물과 약 9,000개의 방이 있으며, 105만 점의 희귀하고 진귀한 문물을 소장한 것으로 유명해요. 지금은 자금성을 '고궁박물원'이라고 부른답니다.

엄마는 철통 수비수!

"꺼억, 배가 부르니까 여기가 천국이구나."
짜장면 집을 나서면서 아빠가 말했어요.
"맞아요, 아빠. 만리장성에서 먹어서 더 맛있는 것 같아요."
"그런데 중국에는 우리가 먹는 이런 짜장면이 없단다."
아빠 말에 자두는 두 귀가 쫑긋해졌어요.
"아빠, 정말 중국에 짜장면이 없어요?"
"있기는 있지. 그런데 우리가 먹는 짜장면과 맛이 좀 다르대. 비벼 먹는 양념인 춘장의 짠맛이 강하다고 하더라. 그래서 중국 여행을 간 사람들이 중국에는 짜장면이 없다고 말한다고 해."
아빠 말에 자두는 큰 소리로 웃었어요.
"우하하! 이은희, 불쌍하다. 중국에서 짜장면을 실컷 먹고 온다더니, 맛없는 짜장면이나 먹겠군!"

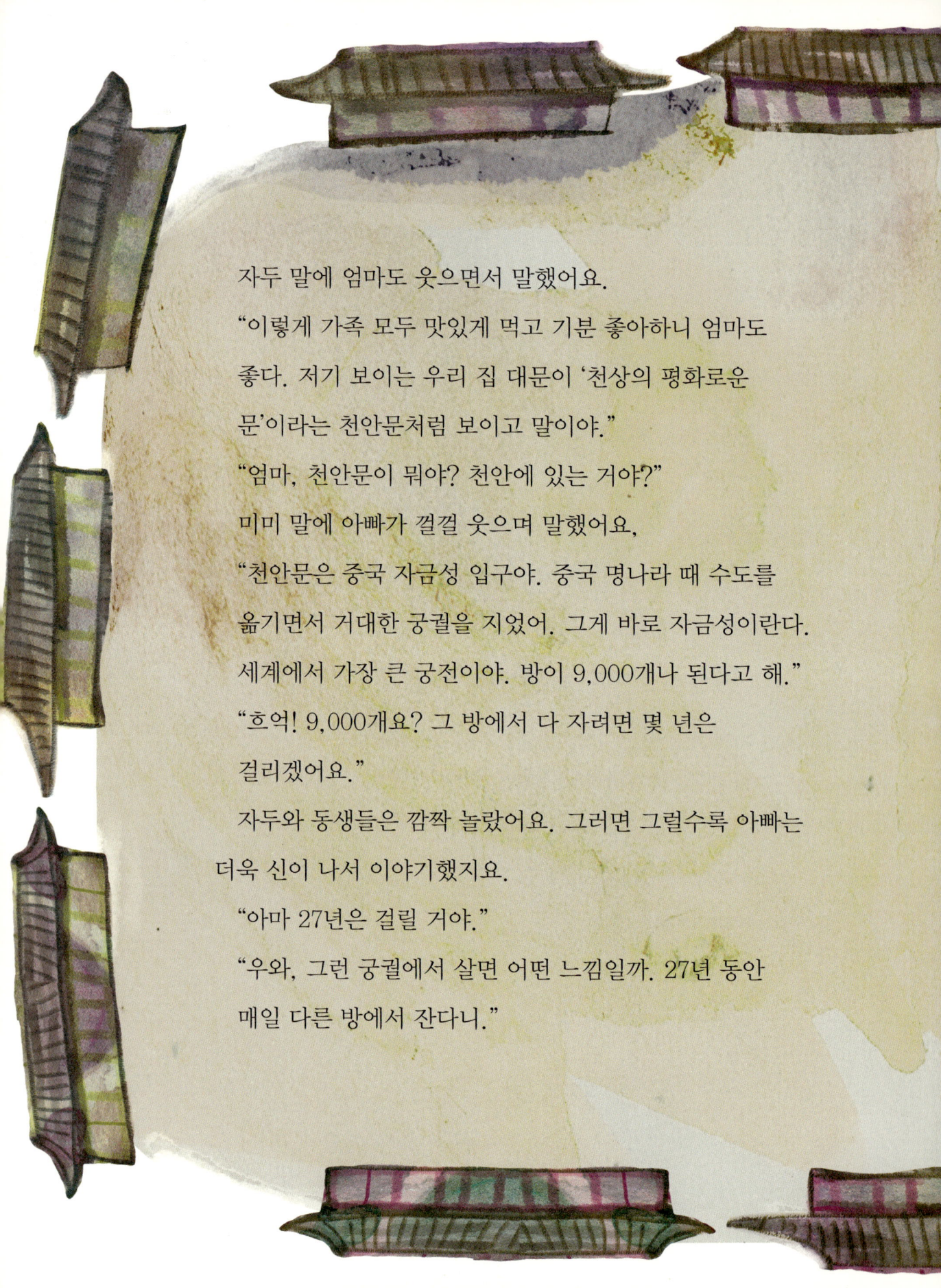

자두 말에 엄마도 웃으면서 말했어요.

"이렇게 가족 모두 맛있게 먹고 기분 좋아하니 엄마도 좋다. 저기 보이는 우리 집 대문이 '천상의 평화로운 문'이라는 천안문처럼 보이고 말이야."

"엄마, 천안문이 뭐야? 천안에 있는 거야?"

미미 말에 아빠가 껄껄 웃으며 말했어요.

"천안문은 중국 자금성 입구야. 중국 명나라 때 수도를 옮기면서 거대한 궁궐을 지었어. 그게 바로 자금성이란다. 세계에서 가장 큰 궁전이야. 방이 9,000개나 된다고 해."

"흐억! 9,000개요? 그 방에서 다 자려면 몇 년은 걸리겠어요."

자두와 동생들은 깜짝 놀랐어요. 그러면 그럴수록 아빠는 더욱 신이 나서 이야기했지요.

"아마 27년은 걸릴 거야."

"우와, 그런 궁궐에서 살면 어떤 느낌일까. 27년 동안 매일 다른 방에서 잔다니."

"그리고 건물들뿐만 아니라 어화원이라는 정원도 있어. 그런데 이 정원 안에 10미터나 되는 돌산을 쌓았다고 해."

자두와 미미가 놀라서 입이 떡 벌어졌지만 엄마는 고개를 저었지요.

"아무리 큰 궁전이면 뭐 하니. 맨날 침입자가 있으면

어쩌나 걱정하느라 잠이라도 편히 잤겠어? 누가 뭐래도 우리 집이 최고야."

"에이, 궁궐이면 왕을 지키는 무사가 얼마나 많았겠어요. 뭐가 걱정이람."

자두 말에 아빠가 말했어요.

"아니야, 어쩌면 엄마 말이 맞을지도 몰라. 실제로 자금성은 자객이 침입할 것을 염두에 두어 짓기도 했어. 우선 자금성 안에는 나무가 하나도 없거든."

"왜요?"

"나무 뒤에 자객이 숨어 있을까 봐 그렇지."

아빠 말에 자두는 엄마를 힐끗 봤어요.

"뭐, 자객이 얼마나 날쌘하다고……."

"최자두, 너 엄마 배는 왜 보니?"

엄마 말에 자두는 흠칫 놀라 말을 더듬었어요.

"솔직히 엄마는 자객보다는 왕비가 더 어울리지요. 그래도 엄마는 편히 주무실 거예요. 침입자쯤은 파파팍! 한 손으로 때려잡을 수 있으니까요."

"뭐야! 어디 엄마 손맛 좀 볼래?"

1 자금성은 어떤 곳일까?

자금성은 중국 베이징에 있는 궁전이에요. 명나라와 청나라 황제들이 살았던 곳으로 세계 최대 규모랍니다. 자금성이란 이름은 '붉은색을 사용할 수 없다'는 뜻이에요. 중국 사람들에게 붉은색은 기쁨과 행복을 뜻해요. 그리고 아주 귀한 색이기 때문에 황제만 사용할 수 있고 일반 백성은 사용할 수 없었지요. 황금색 지붕을 한 자금성에는 천안문을 비롯해 동서남북으로 4개의 문이 있어요. 그리고 높은 성벽으로 둘러싸여 있고 바깥쪽은 해자가 있어서 함부로 들어올 수 없어요. 자금성 안에서 가장 큰 건물인 태화전은 가로가 약 60미터, 세로가 약 33미터나 돼요. 황제의 즉위식이나 결혼식 등 중요한 행사를 치르던 곳이지요. 정원인 어화원에는 높이 10미터의 돌산이 있답니다.

마오쩌둥의 초상화가 걸린 천안문

2 황제만을 위한 궁전

자금성은 침입자가 들어오지 못하는 궁전으로도 유명해요. 우선 바닥부터 아주 특별해요. 걸을 때마다 소리가 나거든요. 그 이유는 침입자가 땅 밑에서 뚫고 올라오는 것을 막기 위해 벽돌 40여 장을 겹쳐 쌓았기 때문이에요. 또한 성 안에는 나무가 하나도 없어요. 암살자들이 나무에 숨지 못하도록 하기 위해서지요.

현재 자금성은 '고궁박물원'으로 사용하고 있어요. 먼 옛날에는 황제만 드나들 수 있었던 곳이 지금은 일반인에게도 공개됐답니다. 현재 이곳에는 명나라와 청나라 황제들이 수집한 보물이 무려 100만 점 이상 소장돼 있어요.

고궁박물원으로 이름이 바뀐 자금성

| 세계 문화유산 수수께끼 · 4 | 이탈리아 피사의 사탑

쓰러질 듯 쓰러지지 않는 탑

피사 대성당과 피사의 사탑

피사의 사탑은 피사 대성당의 종탑이에요. 흰 대리석으로 된 56미터의 원통형 8층탑으로, 피사가 팔레르모 해전에서 승리한 것을 기념하기 위해 세운 건축물이에요. 맨 꼭대기에는 거대한 종이 7개 있어요. 그런데 피사의 사탑은 건설할 때부터 기울었답니다. 1372년에 완공된 이후 지금까지도 약간 기울어진 상태를 유지하고 있어요.

글씨 좀 똑바로 쓰라고!

"자두야, 숙제는 했니?"

책가방을 마루에 던져 두고 나가려던 자두에게 엄마가 말했어요. 방금 학교에서 돌아왔는데 숙제를 했을 리가 없지요.

"민지랑 조금만 놀다 와서 할게요."

그렇게 말하고 나가려는 순간, 엄마가 자두의 뒷목덜미를 잡았어요.

"내일 또 화장실 청소하려고 그래? 아주 네 실내화에서는 화장실 지린내가 가시지를 않는다. 하루쯤은 숙제 좀 해!"

엄마의 잔소리에 자두는 어깨를 축 늘어뜨렸어요.

"네."

자두는 힘없이 방으로 들어갔어요. 하지만 마음은 놀이터에 있는데 숙제가 제대로 될 리가 있겠어요. 자두는 숙제를 얼른 끝내려고 서둘렀어요.

"아이고, 이렇게 숙제하고 있으니 정말 예쁘다."

엄마가 간식을 가지고 자두 방에 들어왔어요. 오랜만에 엄마 눈에서도 하트가 가득했지요.

그런데 자두의 공책을 본 순간 엄마의 하트 눈이 점점 일그러졌어요.

"최자두! 글씨가 이게 뭐야?"

엄마는 고개를 옆으로 비스듬히 하고 자두 공책을 바라봤어요.

"글씨를 반듯하게 써야지. 이건 뭐, 글자들이 다 삐딱한 게 꼭 피사의 사탑 같네."

"피자의 사탑이요?"

자두가 묻자 엄마가 한숨을 쉬며 말했다.

"피사, 피자가 아니라 피사의 사탑 말이야. 이탈리아에 네 글씨처럼 삐딱하게 서 있는 탑 있잖아."

엄마는 자두가 쓴 글씨를 지우개로 지우며 말했다.

"탑이 삐딱하게 서 있어요? 부실 공사인가 봐요. 쓰러지면 어쩌려고. 쯧쯧!"

자두가 혀를 차며 말했어요. 그러자 엄마가 자두에게 다시 공책을 내어 주며 말했어요.

"부실 공사는 아니야. 800년이 지난 지금도 아주 잘 서 있어. 뭐, 그래서 유명하기도 하지."

"에이, 탑이니까 그렇지요. 건물이면 벌써 무너졌을 걸요?"

자두 말에 엄마가 어이없다는 듯이 말했어요.

"탑이라고 해서 무슨 3층 석탑, 5층 석탑 그런 건 줄 아니? 50미터가 넘는 건물이야."

"헉! 정말요? 그런데 어떻게 안 무너졌지?"

자두는 입을 떡 벌리고 말았어요.

"위태롭게 서 있는 게 불가사의해서 세계 7대 불가사의 가운데 하나이기도 해. 사람도 꼭대기까지 올라갈 수 있다고 하더라."

"우와, 비스듬한데도 사람들이 올라간대요? 무섭지도 않은가? 만약 올라가다가……."

자두가 끊임없이 이야기하자 엄마는 입을 한번 꾹 다물더니 말했어요.

"자, 최자두! 수다는 그만하고 숙제 해야지. 글씨도 반듯하게 말이야."

그러자 자두가 갑자기 환하게 웃으며 말했어요.

"엄마, 피사의 사탑도 살짝 기운게 멋인데 내 글씨도 살짝 삐딱한 게 개성 아닐까요?"

1 피사의 사탑은 왜 만들었을까?

11세기 무렵 피사는 강한 해상 공화국이었어요. 팔레르모 해전에서 사라센 함대를 크게 물리친 피사의 시민들은 그 사실을 널리 알리고 싶었지요. 마침 피사 대성당에 종탑이 없었던 터라 기념탑으로 종탑을 세우기로 했어요. 1173년에 공사를 시작했을 때는 100미터 이상 탑을 지을 생각이었어요. 그런데 4층 정도 공사를 했을 때 탑이 기울기 시작했지요. 공교롭게도 탑을 세운 곳의 지반이 약했기 때문이에요. 결국 공사는 중단됐어요. 그리고 100년이 지난 후에 다시 공사를 시작했지만 탑은 바로 서지 않았어요. 다시 중단됐던 공사는 1360년에 이르러서야 8층 높이의 탑이 완성됐답니다. 높이 56미터에 지름 16미터의 흰 대리석으로 된 피사의 탑은 294개의 나선형 계단을 오르면 맨 꼭대기 층에 서로 다른 음을 가진 종이 7개가 있어요.

피사의 사탑 꼭대기에 있는 서로 다른 음을 가진 종

피사의 사탑 내부

2. 피사의 사탑은 정말 쓰러지지 않을까?

탑이 완성된 후에도 탑은 계속 기울었어요. 이러다가 정말 무너질지도 모른다고 생각해 1990년부터 10년 동안 대대적인 보수 공사를 했어요. 그리고 다행히 지금은 기울어짐 현상은 멈춘 상태예요. 기울기도 약 5.5도를 유지하고 있지요. 그래도 혹시 모를 사고에 대비하기 위해 피사의 사탑은 정해진 시간에 작은 손가방 정도만 들고 올라갈 수 있어요.

피사의 사탑

| 세계 문화유산 수수께끼 • 5 | 이탈리아 콜로세움

거대한 죽음의 경기장

콜로세움

고대 원형 경기장인 콜로세움은 웅장한 모습을 하고 있지만, 목숨을 건 경기가 열리던 곳이에요. 수많은 기독교인들이 맹수와 싸우기도 했고 검투사나 노예들이 서로 목숨을 걸고 싸웠어요. 지금은 지진과 벼락으로 많이 무너졌지만 이탈리아 로마를 상징하는 건물로 자리를 지키고 있답니다.

닭싸움에 여자 남자가 어디 있어!

아침부터 자두와 윤석이가 시끌시끌해요.

"아무리 네가 닭싸움을 잘한다고 해도 여자가 남자를 이길 수 없어."

"뭐? 어디서 여자 남자를 따지고 있어. 너 그게 얼마나 바보 같은 소리인 줄 알아?"

윤석이 말에 자두가 지지 않고 소리쳤어요.

"흠, 자두 팔다리가 통뼈이기는 하지."

"하지만 그래도 윤석이가 키도 더 크고 힘도 더 셀걸?"

아이들 생각도 가지각색이었어요.

그러자 돌돌이가 나섰어요.

"자, 말만 하지 말고 직접 붙어 보자고. 자두랑 윤석이가 닭싸움을 할 수 있도록 우리가 둥글게 서서 경기장을 만들자."

아이들은 돌돌이 말대로 둥글게 원을 만들었어요. 그리고

자두와 윤석이를 응원했어요.

"자두야, 네 힘을 보여 줘!"

"윤석아, 여자라고 봐주지 마!"

순식간에 교실은 시끄러워졌어요. 그래서 선생님이 교실에 들어온 것도 몰랐지요.

"다들 뭐 하는 거예요?"

선생님은 아이들 틈에 끼었어요.

"닭싸움하려고요."

그러자 선생님이 자두와 윤석이 사이로 끼어들었어요.
"교실에서 뛰면 위험하니까 체육 시간에 운동장에서 해요. 여러분이 이렇게 둘러서서 콜로세움과 같은 경기장을 만들고 말이에요."
선생님 말에 돌돌이가 심각하게 물었어요.
"콜로세움은 닭싸움 전용 경기장인가요?"
"호호호, 콜로세움은 이탈리아에 있는 경기장이에요."
선생님은 웃으며 설명해 주었어요.
"옛날에 맹수랑 사람 또는 사람끼리 싸우는 경기장이었지요. 때로는 경기장 안에 물을 가득 채우고 배를 띄우고 싸우기도 했대요."
"우와, 엄청 큰 곳인가 봐요. 그런 곳에서 경기를 했으면 아주 멋있었겠어요."
그런데 선생님은 고개를 저었어요.
"아니에요. 콜로세움에서 경기는 아주 포악했어요. 그래서 많은 사람들이 목숨을 잃기도 했어요. 자, 이제

수업 시작해요."

선생님의 말에 아이들은 각자 자리에 앉아 수업 준비를 했어요. 하지만 자두와 윤석이는 아직도 흥분이 가라앉지 않았어요.

"이윤석, 두고 보자. 완전히 눌러 주겠어!"

자두는 엄지손가락을 들었다가 아래로 내렸어요. 그러자 윤석이도 지지 않고 엄지손가락을 올렸어요. 그리고 무언가 말을 하려는데 옆에 앉은 돌돌이가 말했어요.

"오, 버튼?"

그러고는 돌돌이가 윤석이의 엄지손가락을 눌렀어요. 그러자 "뿌앙~!" 하는 방귀 소리가 교실 안을 울렸어요.

1 콜로세움은 누가 만들었을까?

콜로세움은 72년, 플라비아누스 왕조 때 80년에 걸쳐 만들었어요. 원래 이름은 '플라비아누스 원형 경기장'이에요. 그런데 경기장 근처에 있는 네로 황제의 거대한 동상 '콜로소'에서 '콜로세움'이라는 말이 유래됐어요. 라틴어로 '거대하다'는 뜻이에요.
이름 그대로 콜로세움은 고대 원형 경기장 가운데 가장 커요. 타원형인 콜로세움은 둘레가 527미터고 가장 긴 곳의 지름이 188미터나 되며, 5만 명이 들어갈 수 있다고 해요. 모두 4층으로 돼 있지만 각 층마다 다른 건축 양식을 사용했답니다.

콜로세움의 내부

2 콜로세움에서는 무엇을 했을까?

콜로세움에는 바닥이 없어요. 대신 방이었던 형태가 남아 있지요. 이 지하 방에 맹수와 노예, 죄인들을 가두어 두었대요. 관람석은 계단식으로 하여 왕을 비롯한 귀족들이 서열대로 앉아 검투사나 노예들이 서로 목숨을 걸고 싸우는 것을 지켜봤답니다. 때로는 노예나 기독교인들이 사나운 맹수에게 목숨을 잃은 곳이기도 해요. 인공 호수를 만들고 배를 띄워 모의 전투를 하기도 했지요. 한때는 100일 동안 잔인한 전투가 계속되기도 했어요. 하지만 잔인한 혈투는 405년에 호노리우스 황제의 명령에 의해 금지됐답니다.

| 세계 문화유산 수수께끼 • 6 | 그리스 파르테논 신전

여신을 모시는 아름다운 신전

아테네의 수호신 아테나 여신을 모시던 파르테논 신전

바다의 신 포세이돈과 전쟁의 여신 아테나는 서로 같은 땅을 마음에 두고 있었어요. 그래서 그 땅에 사는 인간들에게 포세이돈은 샘을, 아테나는 올리브나무를 선물로 주겠다고 했지요. 사람들은 올리브나무를 선택하면서 아테나가 수호신이 됐어요. 그리고 도시 이름도 수호신의 이름을 따서 아테네라고 지었지요. 파르테논 신전은 바로 아테나를 위한 신전이에요.

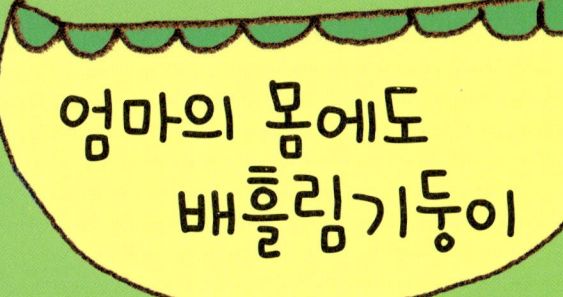

엄마의 몸에도 배흘림기둥이

자두는 가족과 함께 나들이를 갔어요. 출발할 때는 몹시 설레었는데, 도착하고 보니 생각했던 곳이 아니었어요.

"에이, 이왕 가는 나들이면 놀이동산 같은 데가 좋잖아요."

"맞아요. 이런 옛날 집을 보는 건 재미없어요."

자두랑 미미가 계속 투덜댔어요.

"그나저나 여기는 어디예요?"

미미가 묻자 자두가 입을 삐죽 내밀며 말했어요.

"뻔하지, 뭐. 한옥이 잔뜩 있는 것을 보니 무슨 왕이 살던 곳이겠지."

그러자 엄마가 자두에게 말했어요.

"어이구, 내 딸이지만 정말 창피하다. 여기는 종묘야. 조선 시대 왕과 왕비들의 위패를 모시를 곳 말이야."

엄마 말에 자두가 온몸을 떨면서 말했어요.

"위, 위패라면 유령이 있는 곳 아니에요? 으스스하게 왜 이런 곳을 지었지? 빨리 나가요."

자두 말에 엄마는 혀를 찼어요.

"쯧쯧! 여기는 유교를 정치 이념으로 삼았던 조선의 뿌리와 같은 곳이야. 제사를 지내는 아주 신성한 곳이라고. 유네스코가 세계 문화유산으로 정한 곳이기도 해."

자두는 머쓱한 듯 고개를 한번 쑥 내밀고 종묘 곳곳을 둘러봤어요.

"그러면 이런 곳은 우리나라에만 있는 거예요? 하긴, 서양은 제사를 지내지 않으니까 이런 문화유산은 없을 것 같아요."

자두가 제법 자랑스럽게 말했어요.

"음, 우리처럼 조상을 모시는 것은 아니지만, 신을 모시는 그리스의 파르테논 신전이 종묘랑 조금은 비슷하다고 할 수 있겠구나."

아빠 말에 미미가 아는 체를 했어요.

"아, 그리스 신화의 신들을 모시는 곳이요?"

"그래, 그리고 종묘와 파르테논 신전은 비슷한 점이 또 있어. 바로 저 기둥이야."

아빠는 종묘의 대표적 건물인 정전을 가리켰어요.

"바로 저 기둥이 배흘림기둥이란다. 중간 부분은 두껍고 위아래는 가늘게 만든 것이지. 그러면 건물이 안정적으로 보인단다."

"우와! 그렇구나."

건물의 기둥을 보던 자두가 흘낏 엄마를 봤어요.

"알 것 같아요. 엄마가 아무리 짐을 많이 들고 아기를 안고 있어도 안정적인 이유를요."

"응? 왜 그런 거니?"

아빠가 묻자 자두가 말했어요.

"엄마의 삼겹살 배가 배흘림기둥처럼 엄마를 안정적으로 지켜 주기 때문이에요. 맞죠?"

자두 말에 엄마는 얼굴이 새빨개져서 말했어요.

"맞기는 뭐가 맞아. 배흘림기둥으로 한번 맞아 볼래?"

엄마가 배를 쑥 내밀고 자두에게 다가왔어요.

"꺄아~, 거대한 기둥이 다가온다!"

자두가 큰 소리를 내자 엄마는 놀라서 자두 머리를 꼭 껴안았어요.

"여기서는 조용히 해야 해. 쉿!"

"으으, 어, 엄마. 배, 배 으으……."

자두는 엄마의 배흘림기둥과 같은 배에 얼굴이 묻혀 입을 다물 수밖에 없었어요.

 고대 도시 국가인 아크로폴리스

고대 그리스는 도시 국가들이 발달했어요. 아테네 역시 대표적인 도시 국가였어요.

도시 국가들은 대부분 가운데에 높은 언덕을 가지고 있었답니다.

이곳을 아크로폴리스라고 해요. '높은 곳에 있는 도시'라는 뜻이지요.

아크로폴리스에는 신을 모시는 신전을 세웠어요.

기원전 438년에 지은 파르테논 신전은 가로 31미터, 세로 70미터의 직사각형 모양이에요. 당시 최고의 실력을 가진 조각가와 건축가들이 참여해 15년 동안 만들었어요. 하지만 전쟁과 지진 등으로 무너져 지금은 바닥과 기둥 그리고 지붕의 일부가 남아 있어요.

아테네 아레오바고 언덕에서 바라본 아크로폴리스

2 배흘림 기법의 기둥

비록 무너진 모습이지만 파르테논 신전은 그리스의 여느 신전보다 아름답고 위엄 있는 모습이랍니다. 특히 신전의 기둥은 멀리서도 그 아름다움을 엿볼 수 있어요. 지름이 1.5~1.9미터인 기둥은 현재 46개 정도 남아 있어요.

그런데 기둥 가운데에는 직선으로 된 것이 하나도 없어요. 원기둥의 중간 부분은 약간 부풀리고 위나 아랫부분은 약간 가늘게 했어요. 착시 현상을 생각한 설계이지요. 만약 원기둥의 두께를 똑같이 할 경우 멀리서 보면 가운데가 좁아 보여서 불안정해 보여요. 하지만 기둥의 배 부분인 가운데를 약간 부풀리면 안정감이 생겨요. 이것을 '배흘림 기법'이라고 해요. 배흘림 기법은 우리나라 한옥에서도 쉽게 찾아볼 수 있어요.

배흘림 기법을 사용한 파르테논 신전의 기둥

우리 엄마...
배 같다...

| 세계 문화유산 수수께끼 • 7 | 캄보디아 앙코르 와트

신들의 안식처

'신들의 도시'라 불리는 앙코르 와트 사원

앙코르 와트는 힌두교의 신인 비슈누에게 바치기 위해 지은 사원이에요. 우주의 중심을 뜻하는 높은 탑과 우주의 바다로 불리는 해자 등 인간이 만들었다고 믿기 어려울 정도로 웅장하고 아름다운 건축물이에요. 현재 캄보디아의 화폐에도 등장할 만큼 자랑스러운 유산이지만 사원의 많은 부분이 훼손돼 복원하려면 앞으로 100년이나 걸린다고 해요.

천상계는 인간계를 보라

종묘 안을 돌아다니며 자두가 아빠에게 물었어요.
"아빠, 신들을 위한 궁전은 그리스밖에 없나요?
다른 나라도 신들을 위한 건물이 있나요?"
"음, 신들을 위해 지은 건물이라고 하면 캄보디아의
앙코르 와트도 파르테논 신전 못지않을 거야."
아빠 말에 자두는 고개를 갸웃거렸어요.
"캄…… 앙코올……? 거기가 어디예요?"
"자두가 캄보디아라는 나라를 처음 들나 보구나.
캄보디아는 동남아시아에 있는 나라야. 태국이랑 베트남
가까이에 있는 나라지."
아빠는 차근차근 설명해 주었어요.
"먼 옛날에 캄보디아 왕이 신의 궁전을 지었어. 파르테논
신전보다 몇 배는 더 클 거야. 축구장 300개 정도나

된다고 하니까 말이야."

"우와!"

자두는 두 눈이 동그래졌어요. 자두가 놀라면 놀랄수록 아빠는 신이 나서 말했어요.

"그리고 사원 둘레에는 폭이 200미터나 되는 해자도 팠다고 해."

자두와 아빠가 이야기에 빠져 있는 동안 엄마는 미미와 애기를 챙기느라 바빴어요.

"자두야, 애기랑 같이 좀 가렴."

엄마가 자두를 불렀어요. 하지만 자두는 못 들은 척했어요. 아빠 이야기가 재미있었고, 애기를 데리고 다니기가 조금 귀찮았거든요.

"그래서 아빠? 앙콜이 어떻게 됐는데요?"

"허허, 앙콜이 아니라 앙코르 와트야. 앙코르 와트는 돌을 다듬어 지은 사원이야. 건물에는 신앙의 상징물들이 새겨 있어서 마치 사원 전체가 아름다운 조각품 같다고 해."

이야기에 빠진 자두와 아빠는 계단을 올라 정전 위로 올라갔어요.

"그리고 앙코르 와트 1층은 짐승들이 있는 미물계, 2층은
인간계, 3층은 신들이 사는 천상계로 나누었어. 그래서
3층은 아무나 올라갈 수 있는 곳이 아니라 왕족이나
승려들만 갈 수 있는 곳이었단다."
그때였어요.
"여보, 같이 좀 가요!"
뒤에서 엄마가 불렀어요. 어느새 아기는 잠이 들어
엄마가 업고 있고, 미미도 피곤한 것인지 재미가 없는
것인지 얼굴에 심술이 가득 차 있었지요. 두 동생을 데리고
있어서인지 엄마는 계단 하나를 오르는 것도 벅차 보였어요.
계단에 나뉜 곳을 보고 문득 자두가 말했어요.
"아빠, 계단 가장 아래가 미물계 그리고 엄마가 계신 곳은
인간계, 우리가 있는 곳은 천상계 같아요."
그 말을 엄마가 들은 걸까요? 갑자기 엄마 두 눈이
도끼눈이 되더니 아주 무시무시한 목소리로 말했어요.
"어이, 천상계에 계신 분들. 어서 내려와서 인간계를
돕지 않으면 인간계와 천상계가 바뀌는 경험을 하게 될
겁니다."

"아, 네, 네! 갑니다, 가요!"
엄마의 목소리에 자두와 아빠는 후다닥 계단을 내려왔어요. 엄마가 화가 나면 정말 아무도 못 말리거든요.

1 앙코르 와트는 어떤 곳일까?

앙코르는 9~15세기에 캄보디아를 지배했던 크메르 왕국의 중심 도시예요. 12세기 초, 수리아바르만 2세는 자신이 죽으면 힌두교의 대표적인 신인 비슈누와 하나가 되기를 바랐어요. 그 기원을 담아 앙코르 와트를 만들었지요. 캄보디아 말로 앙코르는 '도시'를 말하고 와트는 '사원'을 말해요. 즉 앙코르 와트는 '사원의 도시'라는 뜻이에요. 오랜 시간 캄보디아 밀림 속에 있던 것을 1907년 프랑스 박물학자가 발견했지요. 힌두교 신을 위해 지은 사원이지만 나중에는 불교 사원이 돼 세계에서 가장 큰 불교 유적으로 손꼽힌답니다.

앙코르 와트의 조각들

대단하다!

거대한 앙코르 와트의 내부 모습

2 앙코르 와트는 얼마나 클까?

앙코르 와트는 가로 1.5킬로미터, 세로 1.3킬로미터나 돼요. 축구장 300개 정도나 되는 이곳의 한가운데에 25층 높이 정도의 탑이 있어요. 그 탑을 네 개의 탑이 마치 연꽃 모양으로 싸고 있지요. 탑은 우주의 중심을 뜻하는 메루 산의 봉우리예요. 메루 산은 힌두교 신화에서 신들이 거주하는 산이에요. 그리고 사원 둘레에는 폭이 200미터고 길이가 5킬로미터나 되는 해자가 있어요. 이것은 우주의 바다를 뜻하지요.

앙코르 와트 1층에는 800미터 길이의 회랑이 있어요. 그 벽에는 당시 생활을 알 수 있는 부조들이 많이 새겨져 있어요. 2층에는 하늘의 무희들이 조각돼 있고, 마지막 3층은 왕족이나 승려들만 올라갈 수 있는 신성한 곳이었답니다.

| 세계 문화유산 수수께끼 • 8 | 인도 타지마할

세상에서 가장 아름다운 무덤

세상에서 가장 아름다운 무덤 타지마할

인도에 있는 타지마할은 세상에서 가장 아름다운 무덤이에요. '선택된 궁전'이라는 뜻으로 왕이 사랑하는 왕비를 위해 만든 무덤이지요. 타지마할은 빛이 비치는 방향에 따라 색깔이 바뀌어요. 특히 달밤에 연못에 비치는 타지마할은 황제와 황후의 사랑만큼 아름답답니다.

천사 같은 엄마가 참아요

자두네 가족은 충청남도 공주 송산리에 있는 무령왕릉에 갔어요. 나지막한 언덕 같은 고분이 일곱 개가 있었어요.

"우와, 여기가 무덤이에요? 그냥 언덕 같은데요."

자두는 무령왕릉이라고 해서 우뚝 솟은 커다란 무덤 하나일 거라고 생각했어요. 그런데 언덕과 같은 고분이 여러 개 있는 것을 보고 입이 떡 벌어졌어요.

"여기는 한 사람의 무덤이 아니야. 무령왕과 왕비는 물론, 왕족 등 7기의 무덤이 있어. 그래서 송산리 고분군이라고도 해."

그런데 아빠는 무령왕릉이 아닌 전시관으로 들어갔어요.

"아빠, 무령왕릉은 저쪽인데 왜 여기로 들어가요?"

"응, 여기는 무령왕릉이랑 똑같이 만들어 놓은 곳이야. 진짜 무덤은 습기랑 결로가 심해서 공개하지 않기로 했단다."

무덤이라고요?

진짜 무령왕릉을 볼 수 없어 아쉬웠어요. 하지만 모형 전시관에 들어간 자두는 입을 다물지 못했어요. 무령왕릉은 벽돌을 쌓아 만들어 꽤 웅장하고 유물도 화려했어요. 그리고 무덤 입구에 멧돼지처럼 생긴 동물이 서 있었지요.

"이게 뭐지? 멧돼지인가?"

"누나, 호랑이야!"

자두와 미미 그리고 애기가 이야기를 나누는 것을 보고 엄마가 웃으며 말했어요.

"진묘수란다. 무덤을 지키는 신령한 짐승이야. 악귀를 쫓기도 해."

그렇게 무령왕릉을 둘러보고 나온 자두 가족은 무령왕릉 주위를 산책했어요.

산책을 하던 미미가 말했어요.

"왕과 왕비는 저세상에서도 만났을까요? 죽어서도 부부가 함께 있는 것은 정말 낭만적인 것 같아요."

그러자 아빠가 말했지요.

"낭만이라고 하면 타지마할을 따라올 수 없지."

"네? 뭘 타지 마요?"

미미 말에 아빠가 웃으며 말했어요.

"타지 말라는 게 아니라 타지마할이야. 인도에 있는 건축물이란다. 옛날 인도의 한 왕이 사랑하는 왕비를 위해 대리석으로 멋진 건물을 지었어. 세계에서 내로라하는 실력자들은 다 불러서 말이지."

"우와, 멋지다. 낭만적이야."

자두와 미미는 두 손을 모으고 두 눈을 반짝였어요.

그런데 엄마가 퉁명스럽게 말했어요.

"뭐가 낭만적이야. 죽어서 무덤을 그렇게 만들어 주면 뭘 하니? 살아 있을 때 잘해 줘야지."

그러자 아빠가 손사래를 치며 말했어요.

"타지마할을 지은 왕은 왕비가 살아 있을 때도 사랑이 넘쳤어요. 그러니까 죽어서도 아내를 잊지 못해 그렇게 아름다운 무덤을 만든 거지요. 나도 당신이 죽으면……."

아빠는 갑자기 입을 다물었어요. 엄마의 눈이 점점 도끼눈이 돼 갔기 때문이에요. 엄마는 어금니를 꾹 다물고 말했어요.

"애기도 챙기고 도시락도 챙기는 내 모습이 보이지도

않아요? 죽어서 화려한 묘지를 만들어 주는 것보다 살아 있을 때 남편이 도와주었으면 좋겠네요."

아빠는 후다닥 엄마 옆으로 가서 도시락 가방을 받아들었어요.

"에고고, 미안해요. 천사 같은 당신이 참아요."

다양한 색깔의 꽃무늬와 보석 문양으로 조각된 타지마할 내부

1 타지마할은 누가 지었을까?

인도 무굴 제국의 샤 자한 왕에게는 아름다운 왕비가 있었어요. 그런데 왕비가 아이를 낳다가 그만 숨을 거두었어요. 왕비가 세상을 떠나자 왕은 하늘이 무너지는 것 같았어요. 얼마나 슬펐는지 하룻밤 새 검은 머리가 백발이 될 정도였대요.

왕비를 그리워하던 샤 자한은 세상에서 가장 아름다운 무덤을 만들기로 했어요. 최고의 대리석과 보석을 구하고, 솜씨 좋은 장인 등 수만 명을 모았어요. 그렇게 22년 동안 매달려서 완성한 것이 타지마할이에요. 하지만 나랏일에 신경 쓰지 않은 샤 자한은 결국 반란 때문에 왕의 자리에서 내려와야 했답니다.

2 세계에서 가장 아름다운 묘지

타지마할은 정문에서 300미터나 되는 물길이 이어져 있어요. 물길 끝에 지붕이 둥근 대리석 건물이 길고 뾰족한 네 개의 탑에 에워싸여 있지요. 하얀 대리석은 햇빛이 비치는 각도에 따라 색깔이 변해요. 그리고 이 모든 것이 좌우로 대칭이 돼 있답니다. 이토록 아름다운 타지마할은 이슬람 건축 예술의 대표로 손꼽혀요.

원래 샤 자한은 타지마할 건너편에 검은색 대리석으로 자신의 무덤도 만들려고 했대요. 죽어서도 아내와 마주보고 싶었던 마음이었지요. 하지만 그 뜻을 이루지 못하고 성의 작은 방에 갇혀 멀리 보이는 타지마할을 바라보며 눈물로 지냈다고 해요.

나란히 있는 샤자 한과 그의 왕비 뭄타즈 마할의 묘

| 세계 문화유산 수수께끼 · 9 | 이집트 피라미드

영원히 살기를 바랐던 왕의 무덤

210단이나 쌓여 있는 쿠푸 왕 피라미드

고대 이집트 사람들은 죽어서도 영혼이 남아서 영원히 살아간다고 생각했어요. 그래서 영원히 살기 위해 미라를 만들고 거대한 무덤인 피라미드를 만들었지요. 현재 이집트에는 피라미드가 80기 정도 남아 있어요. 그 가운데 대표적인 피라미드는 기자 지역에 있는 피라미드예요. 그중에서도 쿠푸 왕의 피라미드가 가장 유명하답니다.

상자를 함부로 열면 저주가 내리리

 자두는 아빠와 함께 창고 정리를 시작했어요. 마침 엄마는 시장에 가고 안 계셨지요.
 "뭐가 이렇게 많은 건지. 버릴 것은 버려야지 계속 쌓아 두기만 하니까 창고가 터질 것 같네."
 아빠는 창고의 물건을 하나하나 꺼냈어요.
 "아빠, 나중에 엄마랑 하시면 안 돼요?"
 자두는 입이 뾰로통하게 나왔어요. 하지만 아빠는 계속해서 창고에 있는 물건을 꺼냈어요.
 "네 엄마랑 하면 버릴 것도 못 버리고 또 쌓아 두어야 해. 아이고, 이게 언제 적 거야."
 아빠는 계속해서 창고의 물건을 꺼냈어요.
 "어? 이건 못 보던 건데?"
 아빠는 낡은 상자 하나를 꺼냈어요. 자물쇠가 잠겨 있는 네모난 상자는 낡았지만 생각보다 먼지는 많지 않았어요.

아빠는 상자를 흔들어 봤어요. 그리고 이리저리 살피던 아빠는 상자 옆면에 쓰인 글자를 읽었어요.

"〈열어 보는 사람에게는 저주가 내릴 것이다.〉 허허허, 저주라니! 무슨 파라오의 관이라도 되나?"

아빠는 헛웃음을 지었어요.

"파라오의 관에는 저주가 있어요?"

"그렇다더라. 피라미드에 이집트의 왕인 파라오의 관이 있는데, 저주를 내리고 있어서 파라오의 관을 만진 사람은 물론 피라미드에 들어간 사람도 저주를 받는다고 해."

아빠 말에 호기심이 생긴 자두는 상자를 유심히 살폈어요.

"아빠, 우리 이거 열어 볼까요? 자물쇠도 작은 거 같은데요."

"그럴까? 도대체 뭐가 들었을까?"

그때였어요. 엄마가 시장에서 돌아왔어요. 마당에 잔뜩 짐이 꺼내져 있는 것을 보고 엄마가 사색이 돼서 말했어요.

"지금 뭐 하는 거예요?"

"뭐 하기는, 창고가 너무 지저분해서 정리하잖아요."

아빠 말에 엄마는 후다닥 뛰어왔어요. 그러고는 무언가를 찾는 듯했어요. 아빠와 자두는 모르는 척하고 가만히 있었어요.

"저, 저기 여기에 작은 상자 못 봤어요? 자물쇠가 잠겨 있는……. 버린 건 아니지요? 혹시 당신이 가져갔나요?"

"거기에 뭐가 들었는데 그래요?"

아빠가 묻자 엄마는 대답을 못하고 쩔쩔 맸어요. 그리고 얼굴이 새빨개지도록 정신없이 창고를 뒤지더니 더 이상 참을 수 없다는 듯이 말했어요.

"도대체 어디 있는 거야. 내가 한 푼 두 푼 모아 둔 비상금인데 누구든 가져갔으면 가만 두지 않겠어!"

엄마가 잔뜩 화가 난 목소리로 말하자 아빠는 냉큼 상자를 내밀었어요.

"여, 여기요. 이걸 찾는 것 같은데."

그러자 엄마는 상자를 냉큼 낚아챘어요. 그리고 저벅저벅 걸어가다가 휙 뒤돌아 말했어요.

"혹시 열어 봤나요?"

"아, 아니. 지금 막 창고에서 발견한 참이라."

아빠가 말을 더듬으며 겨우 대답하자 엄마는 안도의 한숨을 쉬었어요. 그 모습을 보고 아빠가 자두에게 속삭였어요.

"진짜 저주가 내릴 뻔했다. 엄마 비상금을 열어 보려고 했다니, 정말 끔찍할 뻔했어."

피라미드는 누가 만들었을까?

피라미드는 기원전 2,500년경 고대 이집트 왕국의 전성기 때 만들어진 거예요. 이집트의 피라미드 가운데 기자 지역에 있는 피라미드 3기가 대표적이에요. 그 가운데 가장 큰 것이 쿠푸 왕의 피라미드죠. 쿠푸 왕의 피라미드는 2.5~10톤의 화강암 230만여 개를 계단식으로 쌓아 만들었어요. 화강암을 850킬로미터나 떨어진 곳에서 나일 강을 통해 운반해 오는 등 1년에 2~3억 명이 동원됐을 정도로 큰 공사였지요. 쿠푸 왕 피라미드 옆의 카프레 왕의 피라미드에는 얼굴은 사람이고 몸은 사자인 스핑크스가 서 있어요. 스핑크스는 피라미드의 수호신이에요. 지금은 비록 코는 뭉개지고 수염은 뽑혔지만 여전히 늠름한 자세로 피라미드를 지키고 있답니다.

기자의 피라미드보다 먼저 세워진 사카라의 피라미드

카프레 왕 피라미드에 딸린 스핑크스

2 지구를 품은 쿠푸 왕 피라미드

쿠푸 왕의 피라미드는 그 크기도 엄청나지만 아주 과학적으로 만들었어요.
피라미드의 네 변은 불과 21센티미터밖에 차이가 나지 않아요. 그리고 사각뿔 모서리 네 곳은 정확하게 동서남북을 가리키고 있어요. 또한 피라미드의 밑변과 높이의 비율이 가장 안정감 있다는 황금비율이에요. 당시 이렇다 할 도구나 기계도 없었을 텐데 어떻게 그 크고 무거운 돌을 정확하게 쌓았을까요.
그뿐만 아니라 피라미드의 둘레는 태양년의 일수를 가리키는 365.2의 천 배와 같아요. 그리고 밑면 둘레의 절반 값을 높이로 나누면 원주율이 된다고 해요. 그래서 피라미드가 지구를 품고 있다고도 한답니다.

세계 7대 불가사의 쿠푸 왕 피라미드

| 세계 문화유산 수수께끼 • 10 | 페루 마추픽추

잃어버린 공중 도시

잉카의 공중 도시 마추픽추

페루에 있는 마추픽추에는 잉카 문명의 흔적이 잘 남아 있어요. 마추픽추는 '늙은 산'이라는 뜻이지만 별명도 많답니다. 깎아지른 절벽과 높은 산봉우리로 둘러싸여 있어 '공중 도시'라고 해요. 1911년에 발견되기 전까지 400년 동안 수풀에 묻혀 있었기 때문에 '잃어버린 도시'라고도 하지요. 요새와 같은 곳이지만 계단식 밭과 신전 그리고 천문대까지 있답니다.

정상에서 보물찾기

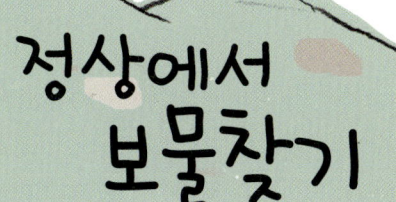

자두는 가족과 함께 등산을 갔어요. 처음에는 즐거운 마음으로 올랐지만 시간이 지날수록 속도가 점점 떨어졌어요. 갈수록 다리에 모래주머니가 하나씩 달리는 것 같았어요.

"자, 조금만 힘을 내자. 정상이 저기다."

아빠가 정상을 가리켰어요.

"흐억!"

아빠는 아까부터 조금만 더, 조금만 더 했지만 정상은 도통 가까워지지 않았어요. 자두는 더 이상 한 발자국도 움직일 수 없어서 그 자리에 주저앉았어요.

"도저히 못 가겠어요. 쉬었다가 가요."

그러자 미미도 자두 옆에 주저앉았어요.

"헥헥! 아빠, 여기가 한 해발 1,000미터는 될 거예요."

"아니야, 2,000미터는 될 거야. 산소가 부족해. 숨을 쉴

수가 없어."

자두와 미미가 하는 이야기를 듣고 아빠가 웃으며 말했어요.

"엄살은! 저기 꼭대기까지 가야 600미터야. 그런데 뭐가 숨이 차. 2,400미터에서 생활하던 사람들도 있었는데."

아빠 말에 자두는 두 눈이 동그래졌어요.

"이 산보다 4배나 높은 데서 사람이 살았다고요? 산소도 없었을 텐데 어떻게 살았지?"

"남아메리카의 페루 지역에 잉카 문명이 있었어. 그런데 스페인 군대가 쳐들어오자 잉카인들은 깊고 높은 산으로 들어갔지. 그렇게 해발 2,400미터에 요새를 세웠지만 어느 순간 사람들이 사라졌단다.

"왜요? 꿀단지 때문에 싸움이라도 났나요?"

자두 말에 엄마가 말했어요.

"꿀단지 정도로는 안 되지. 금덩어리를 숨기고 있다는 소문이 파다했거든. 보통 산 정상에는 보물 하나쯤은 있으니까."

"보물이요?"

보물이라는 말에 자두와 미미는 벌떡 일어났어요.

"그러면 엄마, 여기도 보물이 있을까요?"

"글쎄다. 사람들이 힘든데도 자꾸 올라가는 거 보면 뭔가 있기는 한 것 같은데."

엄마의 말이 떨어지자마자 자두와 미미는 신발 끈을 고쳐 맸어요. 그리고 숨을 깊이 들이 마시고 힘차게 앞으로 나아갔어요.

그 모습을 보고 아빠가 엄마에게 슬쩍 물었어요.

"이 산에 무슨 보물이 있어요?"

그러자 엄마가 피식 웃으며 아빠를 툭 쳤어요.

"있기는 뭐가 있어요. 정상에서 시원한 공기를 마시면 그게 보물이지요."

엄마 말에 아빠는 고개를 끄덕였어요.

엄마와 아빠의 대화를 들었는지 어땠는지 자두와 미미는 열심히 산을 올랐어요.

"빨리 올라가야 해. 그래야 보물을 차지할 테니까."

자두 말에 미미가 말했어요.

"언니, 같이 가. 언니가 먼저 발견해도 우리가 발견한 거지?"

그런데 자두가 대답을 하지 않았어요. 대신 걸음을 더욱 빨리 했지요. 미미가 뒤에서 자두를 불렀어요.

"언니, 언니!"

그래도 자두는 못들은 척하며 앞섰어요. 자두는 엄마가 말한 보물을 찾고 만족했을까요?

1 잉카인들은 왜 마추픽추로 갔을까?

잉카 제국은 지금의 페루와 콜롬비아 그리고 칠레에 이르는 넓은 영토를 차지하고 있었어요. 그런데 1533년, 스페인 군대가 쳐들어와 왕을 사로잡았어요. 왕이 죽자 잉카 제국은 황폐해졌어요. 간신히 살아남은 잉카 사람들은 안데스 고원으로 숨어들어 해발 2,400미터가 넘는 곳에 다시 도시를 만들었어요. 늙은 봉우리라는 뜻의 마추픽추에 터를 잡고, 젊은 봉우리라는 뜻의 와이나픽추를 망루로 삼고 문명을 이어갔지요. 그런데 어느 순간부터 마추픽추는 사람이 살지 않게 됐어요. 그렇게 400년 동안 잊혔던 마추픽추는 1911년에 미국 고고학자에 의해 세상에 다시 드러났어요.

마추픽추의 계단식 밭

세상에!

2 잉카 문명은 얼마나 발전했을까?

마추픽추는 주변이 낭떠러지와 날카로운 봉우리들로 둘러싸여 있어요. 그래서 공중 도시라고도 해요. 마추픽추를 싸고 있는 성벽은 높이가 5미터, 두께가 2미터나 돼요. 어찌나 정교하게 돌을 쌓았는지 종이 한 장 들어갈 틈이 없을 정도예요. 마추픽추에는 왕궁과 신전과 천문대 그리고 아직도 사용할 수 있는 우물터와 커다란 돌로 만든 해시계가 잘 보존돼 있어요. 마추픽추에 살던 사람들은 계단식으로 논과 밭을 만들어 곡식과 작물을 재배했어요. 계단식 논뿐만 아니라 물이 높은 곳에서 아래로 흐르도록 만든 관개수로는 지금 봐도 놀랄 정도로 과학적이라고 해요.

마추픽추는 우루밤바 계곡에 자리하고 있어요.

| 세계 문화유산 수수께끼 • 11 | 일본 히로시마 원폭 돔과 이츠쿠시마 신사 |

아픔을 기억하기 위한 세계 문화유산

원자 폭탄이 터졌을 때의 참상을 느낄 수 있는 히로시마 원폭 돔

일본에는 일본만의 종교 건축물인 신사가 있어요. 그 가운데에는 전쟁을 일으킨 사람들의 위패를 둔 곳도 있지요. 일본은 제2차 세계 대전 때 연합군에 마지막까지 저항했어요. 그래서 제2차 세계 대전을 끝내기 위해 미국이 1945년 8월 6일, 일본에 원자 폭탄을 떨어뜨렸어요. 많은 사람들이 죽고 피해를 입었지만, 전쟁의 비참함을 잊지 말자며 철골만 앙상하게 남은 원폭 돔은 그대로 남겨 두었어요.

잘못한 것을 잘못했다고 할 수 있는 용기

서울 인사동에서 엄마 친구의 미술 전시회가 있어요.
엄마는 자두만 데리고 서울 시내 나들이를 갔어요.
"엄마랑 데이트 하니까 좋다."
"그러니? 하긴, 미미랑 애기 때문에 우리 큰 딸이 많이 힘들지."
엄마는 자두의 엉덩이를 토닥여 줬어요.
집으로 가기 위해 버스를 타러 가는 중, 자두는 사람들이 많이 모여 있는 것을 봤어요. 피켓을 든 사람도 있고 마이크를 잡고 무언가 이야기하는 사람도 있고, 젊은이부터 할머니까지 꽤 많은 사람들이 한 건물 앞에 모여 있었지요.
"엄마, 저기 뭐 하는 거예요?"
"수요 집회를 하는구나. 매주 수요일마다 일본 대사관 앞에서 위안부 문제를 해결하기 위한 집회가 열린단다."
자두는 집회를 조금 더 보고 싶었어요. 하지만 미미와

애기가 기다리고 있어서 아쉽게도 발걸음을 옮겼지요.

버스 정류장에서 버스를 기다리던 자두가 말했어요.

"엄마, 옛날에는 우리가 일본에 나라를 빼앗겼잖아요. 그런데 어떻게 되찾았어요?"

"일제 강점기 동안 많은 사람들이 국내외에서 우리나라의 독립을 위해 애썼단다. 때로는 목숨을 바치는 일도 있었지."

"안중근 의사랑 유관순 열사도 독립운동을 했어요."
"맞아. 그렇게 많은 사람들이 우리나라 독립을 위해 애쓰던 중, 1945년에 일본에 원자 폭탄이 떨어졌어. 그리고 일본이 항복하면서 우리나라가 해방됐지."
자두는 원자 폭탄이라는 말에 깜짝 놀랐어요.
"헉, 원자 폭탄이면 사람도 많이 죽었겠어요."
"그래. 많은 사람들이 목숨을 잃었지. 살아남은 사람도 방사능 때문에 고통을 받았어."
자두는 우리나라를 빼앗았던 일본이 미웠어요. 하지만 일본에 사는 많은 사람들이 죽었다고 하니 마음이 아팠어요.
"전쟁은 무서운 것 같아요. 모든 게 파괴되고 사람도 많이 죽으니까요."
"맞아. 그래도 잘못을 저지른 것에 대한 책임은 져야 한다고 엄마는 생각해. 그런데 전쟁을 일으킨 전범들을 신사에 모시고 찬양하는 것은 정말……."
엄마는 말을 잇지 못하고 고개를 가로저었어요.
"신사가 뭐예요?"

"신사는 신을 모시는 사당이야. 그런데 일본의 신사 가운데에는 전범을 신처럼 모시는 곳이 있어."

"어휴, 말도 안 돼."

자두는 답답해서 가슴을 쳤어요. 엄마도 얕은 한숨을 쉬며 말했지요.

"그러게. 더군다나 자신들의 잘못을 인정하지 않고 버티는 것은 기가 막힐 노릇이지. 그래도 잊지 않고 있다면 언젠가 역사는 바로 잡힐 거야."

버스를 타고 오는 동안 자두는 엄마의 말이 자꾸 생각났어요.

'왜 잘못한 것을 잘못했다고 말을 못하지? 잘못을 했어도 사과하면 용서해 주던데…….'

자두는 붉게 물드는 하늘을 보며 마음속으로 중얼거렸어요.

'앞으로 전쟁 없이 모든 사람들이 행복하게 살았으면 좋겠다. 그리고 아픔을 간직한 채 살아가는 사람도 없었으면 좋겠어.'

1 전쟁을 기억하는 평화 기념 공원

1945년 8월 6일과 9일, 미국은 제2차 세계 대전을 끝내기 위해 일본의 히로시마와 나가사키에 원자 폭탄을 투하했어요. 원자 폭탄의 위력에 일본은 항복했지만 수십만 명이 목숨을 잃고 도시가 형체를 알아볼 수 없을 정도로 파괴됐어요. 게다가 폭탄이 터질 때 나오는 방사선과 열선 등에 노출돼 많은 사람들이 심각한 질병과 후유증에 시달렸지요.
원자 폭탄이 떨어진 히로시마에 전쟁의 비극을 잊지 말자는 의미에서 평화 기념 공원을 만들었어요. 이곳에는 당시에 불탄 원폭 돔과 원폭 어린이상이 있고, 원자 폭탄이 터진 오전 8시 15분에 맞춰 매일같이 음악이 울려 퍼진답니다. 그리고 매년 8월 6일이면 사람들이 모여 평화를 기원하고 희생자 추모제를 열어요.

히로시마 평화 기념 공원

2 바다 위의 이츠쿠시마 신사

신사는 일본의 대표적인 종교 건축물이에요. 일본에 약 8만여 개가 있다고 해요. 신사 가운데 신궁은 역대 일본 천황을 모시는 곳이지요. 히로시마 현의 미야지마 섬에는 이츠쿠시마 신사가 있어요. 예로부터 종교적으로 아주 신성한 곳이라 미야지마 섬에서는 아이를 낳을 수도 없고 묘지를 만들 수도 없어요.

이츠쿠시마 신사는 일본의 신사 가운데 유일하게 세계 문화유산으로 선정됐어요.

593년에 세워진 이 신사는 항해와 어업을 수호하는 신을 모셔요. 그리고 썰물일 때는 육지였다가 밀물일 때는 기둥 한가운데까지 바닷물에 잠겨 바다 위의 신사가 된답니다.

바다 위에 세워진 이츠쿠시마 신사 섬 입구

| 세계 문화유산 수수께끼 • 12 | 이란 페르세폴리스

페르시아 제국의 심장

페르세폴리스 유적 입구에 있는 크세르크세스 문

페르세폴리스의 처음 이름은 '파르사'였어요. 그런데 나중에 '페르시아의 도시'라는 뜻으로 페르세폴리스로 불리게 됐어요. 페르시아 제국의 수도였던 페르세폴리스에는 계단 모양의 언덕에 궁전이 있었어요. 비록 알렉산드로스 대왕의 침략으로 무너졌지만, 당시 페르세폴리스로 들어가는 문은 세계 모든 나라로 통하는 문이라고 불릴 정도로 매우 번창했답니다.

테헤란이 우리나라에?

학교에서 〈알라딘의 램프〉라는 애니메이션을 봤어요. 애니메이션이 끝나자 자두가 말했어요.

"아, 나도 알라딘의 요술 램프가 있었으면 좋겠다."

윤석이도 중얼거렸어요.

"나는 하늘을 나는 양탄자가 있었으면 좋겠어."

윤석이 말을 들었는지 자두가 시시하다는 듯이 말했어요.

"에이, 요술 램프만 있으면 양탄자쯤은 백 개도 더 달라고 할 수 있잖아."

"양탄자가 그렇게 많아서 뭐 하냐? 그런데 너는 알라딘의 요술 램프가 있으면 무슨 소원을 빌 건데?"

"음, 케이크를 잔뜩 먹게 해 달라고 할까 아니면 숙제를 없애 달라고 할까?"

자두 말에 이번에는 윤석이가 코웃음을 쳤어요.

"쳇, 무슨 소원이 그러냐. 나는 하늘을 나는 양탄자를

타고 세계 곳곳을 날아다니고 싶어. 그리고 꼭 알라딘의 나라에 갈 거야."
"거기가 어딘데?"
"미국이잖아. 아까 애니메이션 보고도 모르냐?"
윤석이가 잘난 체를 하면서 말하자 선생님이 웃으며 말했어요.
"호호, 알라딘은 〈아라비안나이트〉라는 책에 나오는

이야기예요. 먼 옛날 페르시아 왕이 여자를 믿지 않아서 아내를 맞이하고 하룻밤이 지나면 모두 처형해 버렸어요. 어느 날, 한 현명한 여성이 왕비가 됐어요. 다들 곧 목숨을 잃을 것이라고 생각했는데, 여인은 페르시아 왕에게 재미있는 이야기를 해 주면서 하룻밤을 무사히 지냈어요. 그렇게 1,001일 동안 여러 가지 이야기를 들려줬지요. 그 가운데 한 이야기가 바로 인도와 페르시아의 설화를 모은 책이지요. 페르시아는 지금의 이란을 말해요."

선생님은 세계 지도를 펼쳤어요. 그리고 이란이 있는 위치를 알려 줬지요.

"이란은 여기예요. 수도는 테헤란이고요."

"아, 저 테헤란 가 봤어요."

돌돌이가 손을 들고 말했어요. 아이들은 부러운 듯이 돌돌이를 바라봤지요.

"정말? 테헤란이 어땠는지 친구들한테 설명해 줄 수 있겠어요?"

선생님도 놀라서 묻자 돌돌이가 씨익 웃으며 말했어요.

"뭐, 테헤란은 아주 길고 차만 많던데요."
돌돌이 설명에 선생님은 웃으며 말했어요.
"서울 강남구에 있는 테헤란로 말이구나. 테헤란로는 1977년에 테헤란 시장이 방문한 것을 기념해서 테헤란과 서울의 지명 한 곳을 바꿔 부르기로 한 거예요."
선생님 설명에 아이들은 돌돌이에게 야유를 보냈어요.
"이란은 옛날에 이슬람교도의 침략을 받았어요. 그 후 대부분의 이란 사람들은 이슬람교를 믿고 있어요. 그리고 건축 예술이 발달하고 공예가 발달했어요. 특히 양탄자가 높은 평가를 받고 있지요."
"내 말이 맞지? 이란은 역시 양탄자가 유명하다니까."
윤석이가 거 보라는 듯이 말했어요.
"테헤란 말이야? 거기 가려면 마스크 써야 할 거야. 매연이 장난 아니더라고."
돌돌이 말에 아이들은 웃음이 터지고 말았답니다.

테헤란 매연이 장난 아니더라고...

1 신성한 도시, 페르세폴리스

페르시아는 역사에 남는 대제국이었어요. 당시 황제였던 다리우스 1세는 페르시아의 위업을 전 세계에 보여 주고자 했지요. 그래서 해발 1,630미터에 새로운 도시를 건설하기로 했어요. 산과 평원이 만나는 곳에 3대에 걸쳐 60년 동안 다양한 건축물을 세워 완성했지요.

당시 페르시아는 모든 나라의 사신들이 페르세폴리스로 몰려들 정도로 아주 번창했어요. 페르시아에는 수도가 따로 있었지만 주로 행정적인 역할을 하고, 페르세폴리스는 중요한 의식이나 축제를 치르는 신성한 역할을 하는 수도로 삼았지요. 하지만 기원전 4세기 무렵에 마케도니아의 알렉산드로스 대왕의 침략을 받아 완전히 폐허가 됐어요.

페르시아의 수도였던 페르세폴리스

2 페르세폴리스에는 무엇이 있을까?

페르세폴리스 궁전은 계단 모양의 언덕에 있어요. 왕궁으로 들어가려면 '만국의 문'을 지나야 해요. 높이는 무려 8미터나 되고, 문을 지나가는 모든 사람들은 왕에 대한 경의를 표해야만 했다고 해요. 문에는 독수리 날개를 단 커다란 황소가 새겨져 있어요. 동쪽과 서쪽에 한 마리씩 세상을 감시하는 듯이 바라보고 있답니다. 페르세폴리스에서 가장 호화로운 곳은 '백주의 방'이에요. 100여 개의 기둥이 줄지어 서 있는 이 방은 아직도 기둥의 받침돌이 남아 있어요. 벽면에는 전 세계에서 조공을 바치러 온 여러 민족의 모습이 조각돼 있어요.

지금은 비록 불에 타고 버려진 땅처럼 보이지만, 지금도 셀 수 없이 많은 주춧돌과 잘린 기둥을 통해 당시 페르세폴리스가 얼마나 웅장했는지를 상상할 수 있답니다.

만국의 문

| 세계 문화유산 수수께끼 • 13 | 터키 카파도키아 암석 유적

프레스코 벽화가 그려진 동굴

카파도키아의 암석 유적

터키의 카파도키아는 약 300만 년 전 화산 폭발과 지진 그리고 오랜 시간 동안의 풍화 작용으로 기이한 암석들이 많아요. 먼 옛날 이곳은 비단길을 오가는 상인들의 교역로였어요. 그리고 기독교가 박해받을 때는 기독교인들이 숨어 지낸 곳이기도 하지요. 겉에서 보기에는 그저 암석으로 보이지만, 바위를 깎아 만든 당시 교회는 프레스코 벽화들로 화려하게 장식되어 있답니다.

에어컨 없이 시원한 곳

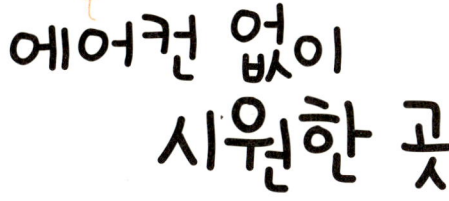

"어휴, 덥다."

퇴근해서 온 아빠가 선풍기 앞에 앉으며 말했어요.

"아빠, 우리도 더워요!"

자두와 미미 그리고 애기도 선풍기 앞으로 몰렸어요. 서로 시원한 자리를 차지하려다 보니 서로 부딪히며 자리싸움까지 하게 됐어요.

"조금 뒤로 물러나요. 그러면 다들 시원하잖아!"

엄마가 수박을 내오며 말했어요.

"엄마, 그러게 우리도 에어컨 사요!"

"에어컨은 무슨! 지구 온난화가 얼마나 심각한데, 너도 나도 에어컨을 사면 어떻게 해. 그리고 냉방병 몰라? 여름이 더운 게 당연하지. 자, 수박이나 먹어."

엄마 말에 자두와 미미는 입을 삐죽 내밀었어요. 수박을 한입 베어 문 아빠도 웃으며 말했어요.
"그래도 에어컨이 있으면 좋……."
순간 엄마와 눈이 마주친 아빠는 입을 다물었어요.
"험험, 수박이 아주 달고 시원하네."
수박을 먹던 자두가 문득 생각난 듯이 말했어요.
"지금은 선풍기라도 있지만 옛날에는 더운 날 어떻게 했어요?"
"음, 엄마 어렸을 때는 개울에서 물놀이도 하고, 커다란 나무 밑에 앉아 있으면 시원했어. 그리고 정말 더운

날에는 마을 사람들이 뒷산 동굴에 가기도 했지."

엄마 말에 자두는 두 눈이 동그래졌어요.

"동굴이요?"

"그래. 깊은 동굴은 아니지만 여름에 가면 제법 시원했어. 동굴은 1년 내내 기온이 비슷해서 여름에는 시원하고 겨울에는 따뜻하거든. 작년 여름휴가 때 우리도 동굴에 갔었잖아. 그때 꽤 시원했지?"

엄마 말에 자두가 선풍기 바람을 쐬며 말했어요.

"맞아요. 아, 동굴에서 산다면 얼마나 시원할까."

"지금도 동굴에서 생활하는 사람이 있어."

아빠 말에 자두와 동생들은 깜짝 놀랐어요.

"지금도요?"

"그럼. 게다가 아주 멋있어서 애니메이션이나 영화의 배경이 됐던 곳이란다."

아빠는 카파도키아라는 곳에 대해 설명했어요.

"터키의 카파도키아는 화산재들이 굳은 바위들이 오랜 세월 동안 바람에 깎여서 기암괴석이 됐어. 옛날에는 사람들이 그 바위를 파고 그 안에서 살기도 했대. 얼마

전까지만 해도 사람이 살았고, 지금도 식당으로 사용하는 곳이 있다더라."

엄마는 수박을 한입 크게 베어 물고 말했어요.

"예전에는 기독교인들을 박해했어. 그래서 주로 기독교인들이 도망치듯이 바위에 동굴을 파고 숨어 살았다고 해. 또 땅속으로도 동굴을 파서 데린쿠유라는 지하 도시를 만들기도 했단다."

엄마의 이야기를 들은 자두는 고개를 끄덕였어요.

"이해할 것 같아요. 저도 엄마의 잔소리를 피해 동굴을 파고 들어가 살고 싶을 때가 한두 번이 아니니까요."

"나도, 나도. 정말 엄마 잔소리만 없어도 덜 더울 것 같지 않니?"

아빠도 맞장구를 쳤어요.

그날 밤, 자두와 아빠는 손바닥에 땀이 나도록 빌고서야 선풍기 바람을 쐴 수 있었답니다.

1 카파도키아 암석 유적지는 어떻게 만들어졌을까?

터키는 아시아와 유럽 그리고 아프리카 이렇게 세 대륙을 잇는 나라예요. 터키 중부에는 세계적으로 아름다운 카파도키아 암석 유적지가 있어요.

지금으로부터 약 300만 년 전, 이곳에 거대한 화산 폭발이 있었어요. 그때 분출된 화산재가 굳은 것을 오랜 세월 동안 바람이 깎으면서 '요정의 굴뚝'이란 별명이 붙은 버섯 모양과 촛불 모양의 기암괴석 수천 개가 생겼어요. 이 암석들은 해가 질 때면 태양빛을 받아 금색과 보라색, 회색으로 아름답게 빛나요. 그래서 영화와 애니메이션의 배경이 된 곳이기도 한답니다.

이 암석은 쉽게 파낼 수 있지만 파고 나면 단단해지는 특성이 있어요. 그렇기 때문에 암석에 굴을 파고 들어가 사람들이 살기도 하고 레스토랑이나 공공장소 등으로 사용할 수 있었답니다.

2 기독교인들의 피난처

카파도키아는 먼 옛날, 로마에서 종교 탄압을 피해 건너온 기독교인들이 숨어 지내던 곳이기도 해요. 동굴을 파고 신앙생활을 했던 이곳에는 동굴 교회가 1,000여 개 있었는데 지금은 365개 정도의 교회가 남아 있어요. 30미터 정도 높은 돌기둥에 있는 교회에 가려면 사다리를 타고 올라가야 하기도 해요. 이곳 교회는 벽에 예수의 생애를 기록한 프레스코 벽화가 가득하답니다. 안에 빛이 잘 들지 않고 날씨가 건조해 오랫동안 잘 보존될 수 있었지요.

30미터가 넘는 카파도키아의 초대형 암석들

| 세계 문화유산 수수께끼 • 14 | 시리아 팔미라

사막의 궁전

야외 원형 극장을 둘러싸고 있는 거대한 건축물들

팔미라는 시리아 사막 한가운데에 있는 고대 유적지예요. 오아시스 도시로, 동서를 연결하는 무역의 중심지이자 여러 나라의 예술이 모인 곳이었지요. 게다가 강력한 군사까지 가지고 있어서 크게 번성했어요. '사막의 궁전'이라 불리는 팔미라는 1930년부터 발굴을 시작했지만 워낙 면적이 넓어서 아직도 발굴 중이라고 해요.

비단 장수 왕 서방도 비단길을 갔을까?

"비단은 누에고치에서 뽑은 명주실로 짠 천이에요. 부드럽고 빛깔이 우아해서 사람들이 좋아했지요."

학교에서 옷감에 대한 수업을 했어요. 면, 비단, 마, 나일론 등등 옷감의 종류가 아주 많아요. 아이들은 선생님이 준비한 옷감을 하나하나 만져 봤어요.

"면은 부드럽다. 나는 면이 가장 좋아."

민지가 말하자 돌돌이가 나일론을 들고 말했어요.

"이 옷감은 까칠까칠하다. 그리고 꽤 질긴데?"

"역시 비단이 가장 아름답다. 우아한 나하고 잘 어울려."

은희 말에 자두가 웃으며 말했어요.

"쳇, 뭐가 우아하다는 거야. 비단은 왕 서방이랑 잘 어울려. 노래도 있잖아. 비단 장수 왕 서방~!"

자두가 노래까지 부르자 아이들이 킥킥거렸어요.

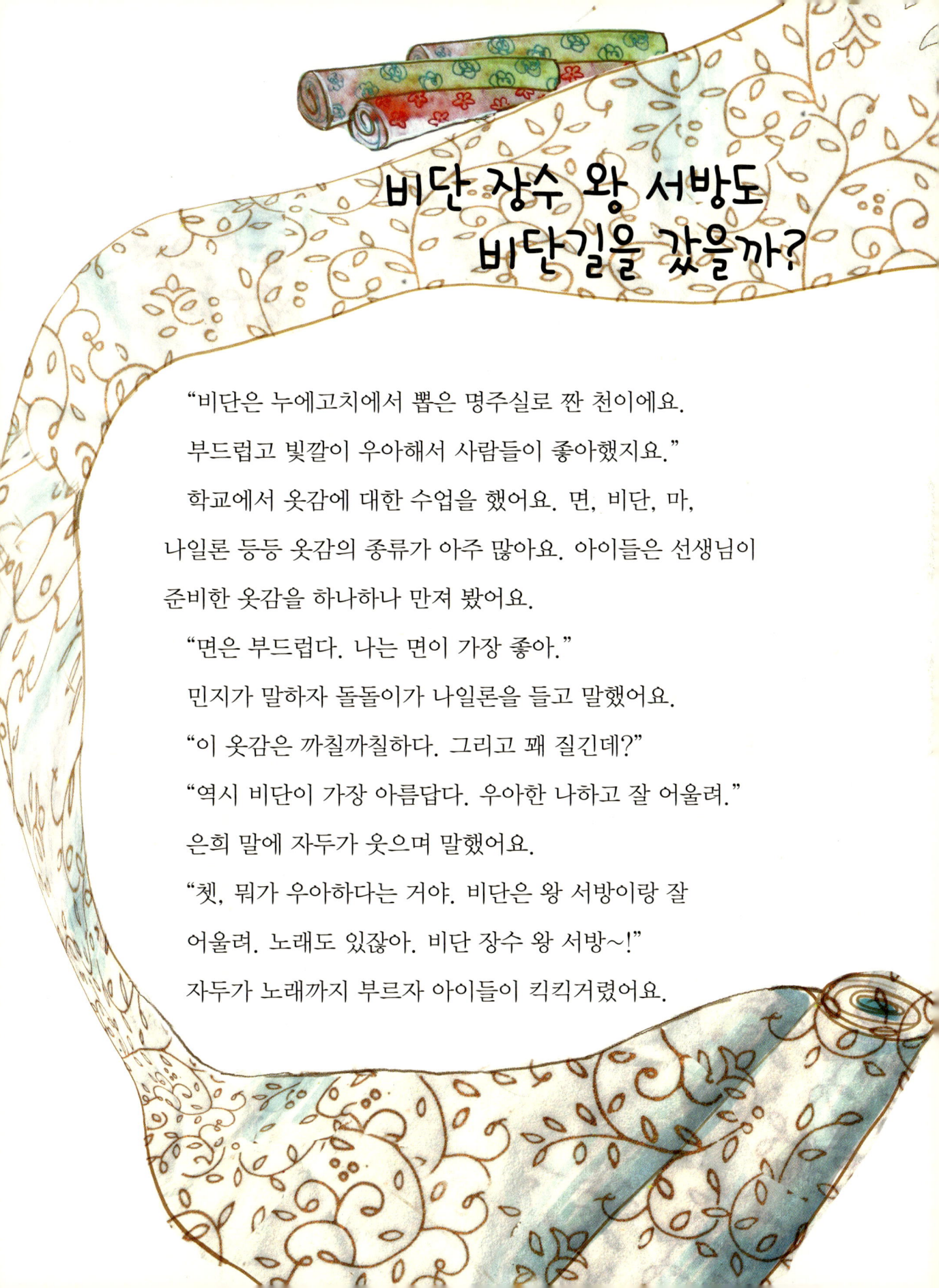

선생님은 아이들을 진정시키며 말했어요.

"왕 서방은 중국 사람을 가리키는 말이에요. 중국 성씨 가운데 왕 씨가 가장 많거든요. 자두가 부른 노래처럼 비단은 중국이 유명했답니다. 먼 옛날에 중국의 비단은 유럽으로까지 전해졌어요. 로마의 황제는 비단 옷을 지어 입고 연극을 보러 갔는데, 사람들이 비단의 아름다움에 마음을 빼앗겨 연극은 안 보고 황제의 옷만 바라봤다고 해요."

선생님 말에 윤석이가 손을 들고 질문했어요.

"선생님, 먼 옛날에는 비행기도 없고 자동차도 없었는데 유럽까지 어떻게 비단을 전해요?"

"사람이 직접 걸어서 갔지요."

"우와, 중국에서 로마까지요?"

선생님은 지도를 보여 주며 말했어요.

"지도에서 보는 것처럼 중국에서 유럽으로 가는 길 가운데 가장 유명한 것이 비단길이에요. 비단이 오가는 길이라고 해서 이름도 비단길, 실크로드라고

팔미라 성문에서 벨 신전까지 이어지는 열주대로

불리지요."

"그렇다면 비단길의 끝에는 뭐가 있어요? 옷가게가 있나?"

자두 말에 아이들은 웃음을 터뜨렸어요. 선생님도 웃음이 터지려는 것을 억지로 참고 설명했어요.

"비단길의 끝에는 팔미라라는 도시가 있어요. 이곳은 비단뿐만 아니라 동양과 서양의 물건을 서로 사고파는 도시였기 때문에 물건을 교환하는 도시로 성장했어요."

"물건을 교환하는 도시라면 돈이 많았겠어요."

은희 말에 선생님은 고개를 끄덕였어요.
"네. 무역이 발달해서 경제적으로도 아주 부유했지요. 그래서 팔미라에는 웅장한 건물이 많아요. 지금도 유적지가 꽤 넓게 퍼져 있어서 당시의 위엄을 느낄 수 있지요."
"하지만 지금은 그저 한줌의 모래로 남은 것인가요? 부귀영화란 한낱 사막의 오아시스와 같은 것인가. 후훗!"
윤석이가 제법 어른 흉내를 내면서 말했어요. 그 바람에 아이들의 웃음이 또 터지고 말았지요. 선생님도 웃음이 터졌어요.

동서 교역 도시로 번영했던 팔미라

"호호호, 팔미라도 오아시스 도시이기는 하지만 한줌의 모래 정도는 아니었어요. 로마 제국이 위협을 느꼈을 정도니까요."

자두는 선생님 이야기를 들으면서 팔미라를 상상해 봤어요. 사막 한가운데 오아시스가 있고 그곳에 웅장한 궁전이 있어요. 그리고 사람들이 서로 물건을 사고파느라 아주 바빴지요. 그리고 그 가운데 비단을 파는 은희 모습이 떠오르는 순간 자두는 웃음이 터지고 말았답니다.

1 팔미라는 누가 지었을까?

팔미라는 예전에 '타드모르'라고 불렸어요. 제노비아 여왕 때 황금기를 이루었으며, 무역의 중심지였기 때문에 부유한 도시 국가로 발전했지요. 한참 전성기를 누리던 제노비아 여왕은 로마 제국으로부터 독립하고 아들을 황제라고 불렀지요. 결국 화가 난 로마는 팔미라를 침략해 파괴했어요. 그나마 남은 건축물도 11세기에 일어난 큰 지진으로 흙더미가 됐지요. 그 위에 사막의 모래가 쌓여 오랜 시간 묻혀 있었지만 지금은 복원 작업이 활발하게 이루어지고 있어요.

2 팔미라의 웅장함

팔미라는 오아시스 도시예요. 10미터가 넘는 종려나무와 대추 야자나무들이 숲을 이루고 있으며, 사막 속에 수많은 돌기둥과 건축물이 불쑥 솟아나 있지요. 그래서 한때는 귀신들이 지은 곳이라는 소문도 있었대요.

팔미라에는 거대한 신전을 비롯해 공중목욕탕, 원형 극장, 집들이 남아 있어요. 그리고 성문에서 신전까지 375쌍의 돌기둥이 있었지만 지금은 150개 정도만 남아 있어요. 비록 사막 한가운데지만 오아시스 지역이기 때문에 팔미라 사람들은 농사를 짓기도 했어요. 그리고 비를 내려 준다고 믿은 바알 신을 위해 거대한 신전도 지었지요. 신전은 신성한 곳이라 왕이나 신관들만 들어갈 수 있었다고 해요.

팔미라 동쪽 입구에 있는 거대한 아치형 성문

찾아보기

ㄱ

거울의 방 15
고궁박물원 24, 31
고비 사막 16
공중 도시 80, 87
궁전 8, 9, 10, 11, 14, 15, 24, 26, 28, 30, 31, 57, 64, 96, 103, 112, 117
그리스 48, 50, 52, 53, 57
기독교 104
기독교인 40, 47, 104, 109, 111
기자 72, 78,

ㄴ

나가사키 94
나일 강 78
남아메리카 82
네로 황제 46
누각 23

ㄷ

다리우스 1세 102
데린쿠유 109
동남아시아 57

ㄹ

로마 40, 111, 114, 117, 118
루이 13세 8, 14
루이 14세 8, 14
루이 16세 14, 15

ㅁ

마리 앙투아네트 10. 15
마오쩌둥 30
마추픽추 80, 86, 87
마케도니아 102
만국의 문 103
만리장성 16, 17, 18, 19, 22, 23
망루 86
명나라 22, 24, 26, 30, 31
몽골족 22
무굴 제국 70
무령왕릉 65, 66
뭄타즈 마할 71
미야지마 섬 95

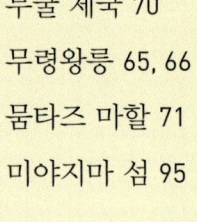

ㅂ

바로크 양식 8
바알 신 118
배흘림기둥 49, 51, 52
배흘림 기법 55
백주의 방 103
베르사유 궁전 8, 10, 11, 14, 15
베르사유 평화 협정 15
베이징 16, 30
베트남 57
분수 15
비단길 104, 113, 114, 115,
비슈누 56, 62

ㅅ

사당 92
사라센 38
사카라 78
샤 자한 70, 71
세계 7대 불가사의 16, 35, 79
수도 26, 96, 100, 102

수리아바르만 2세 62
스페인 82, 86
스핑크스 78
시리아 112
시황제(진시황제) 22, 23
신사 88, 91, 92, 95
실크로드 114

ㅇ

아라비안나이트 99
아시아 110
아크로폴리스 54
아테나 48
아테네 48, 54
아프리카 110
안데스 고원 86
앙코르 와트 56, 57, 58, 59, 62, 63
어화원 28, 30
오아시스 112, 116, 117, 118
와이나픽추 86
우루밤바 계곡 87
원자 폭탄 88, 91, 94
원폭 돔 88, 94

원폭 어린이상 94
원형 경기장 40, 46
위패 49, 50, 88
유교 50
유네스코 16, 50
유럽 110, 114
이란 96, 100, 101
이슬람 71, 101
이집트 72, 74, 78
이츠쿠시마 신사 88, 115
이탈리아 32, 34, 40, 44
인도 64, 67, 70, 100
일본 17, 18, 88, 89, 90, 91, 92, 94, 95
잉카 문명 80, 82, 87
잉카 제국 86

ㅈ

자금성 17, 24, 26, 29, 30, 31
전범 91, 92,
전쟁의 방 15
절대 왕정 14
정원 28, 30

정전 51, 58
제노비아 여왕 118
조선 49, 50
종묘 49, 50, 51, 57
중국 16, 17, 18, 19, 22, 24, 25, 26, 30, 114
진나라 22
진묘수 66

ㅊ

천안문 26, 30
청나라 24, 30, 31
춘추 시대 22
칠레 86

ㅋ

카파도키아 104, 108, 110, 111
카프레 왕 78
캄보디아 56, 57, 62
콜로세움 40, 44, 46, 47
콜로소 46
콜롬비아 86
쿠푸 왕 72, 78, 79
크메르 왕국 62

ㅌ

타드모르 118
타지마할 64, 66, 67, 70, 71
태국 57
태화전 30
터키 104, 108, 110
테헤란 97, 100, 101

ㅍ

파르사 96,
파르테논 신전 48, 50, 51, 54, 55 57
파리 8
팔레르모 해전 32, 38
팔미라 112, 115, 116, 117, 118, 119
페루 80, 82, 86,
페르세폴리스 96, 102, 103
페르시아 96, 100, 102
평화 기념 공원 94
포세이돈 48
프랑스 8, 10, 14, 62
프랑스 혁명 14
프레스코 벽화 104, 111

플라비아누스 왕조 46
피라미드 72, 74, 78, 79
피사 대성당 32, 38
피사의 사탑 32, 34, 36, 38, 39

ㅎ

하이힐 9, 10, 11
해자 30, 56, 58, 63
호노리우스 황제 47
히로시마 88, 94, 95
힌두교 56, 62, 63

안녕 자두야

자두가 가장 궁금해하는 과학 상식 25가지

과학 속에서 부딪히는 궁금증을 알차고 명쾌하게 풀어 줍니다.

과학 일기 시리즈 | 각 권 값 9,500원 | 올컬러

❶ 동물 ❷ 똥과 방귀 ❸ 인체 ❹ 식물
❺ 지구와 달 ❻ 곤충 ❼ 우주

아이들의 상상력에 날개를 달아 줍니다!

〈진짜진짜 수상한 일기장〉 시리즈는 주변의 익숙한 것들이 사라지는 상상을 통해 일상의 소중함을 깨우쳐 주고자 합니다.

값 9,000원 | 올컬러

❶ 우리 학교가 사라졌어요!   ❶ 화장실이 사라졌어요!
❷ 엄마 아빠가 사라졌어요
❸ 학원이 사라졌어요

자두와 떠나는 아주 특별한 계절 여행

계절의 참모습을 담은 세밀화와 함께 우리나라의 자연과 문화의 소중함을 가르쳐 줍니다.

계절 여행 시리즈 | 각 권 값 9,000원 | 올컬러

❶ 가을여행 ❷ 겨울나기 ❸ 봄나들이 ❹ 여름이야기

몰래 하는 모든 것은 재미있어요!

선생님 몰래, 엄마 몰래, 친구 몰래 혼자만 간직하고 싶은 이야기가 가득합니다.

쉿! 비밀이야 시리즈 | 각 권 값 9,000원 | 올컬러

❶ 쉿! 비밀이야 선생님 몰래   ❷ 쉿! 비밀이야 엄마 몰래

* 〈안녕 자두야〉 시리즈는 계속 출간됩니다.